From the Libraries of the World:
A Guide to Libraries and Archives for Asian Studies

世界の図書館から

アジア研究のための図書館・公文書館ガイド

■編集
U-PARL

東京大学附属図書館アジア研究図書館
上廣倫理財団寄付研究部門
Uehiro Project for the Asian Research Library

勉誠出版

はじめに

　人文学に携わる研究者にとって、海外調査に出かけたときによく訪問するのが図書館である。しかし、その使い勝手は国によって大いに異なりまごつくことが多いのも、多くの方の実感するところではないかと思う。アジアに関する資料を所蔵する世界の図書館・公文書館45館のガイドブック、有りそうで無かったものがここにようやく刊行された。まるで、旅行ガイドブック『地球の歩き方』の「世界の図書館編」とでもいうべき、充実の一冊になったと思う。実際に図書館・公文書館を訪れた若手研究者28名が執筆しただけに、利用者目線で、必要な情報が事細かに記されている。痒いところに手が届き、これほど有り難いものはない。

　現在、図書館が様々な点で「日進月歩」であることは、図書館に興味を持つ読者にとっては周知の事実であろう。例えばIT技術の進歩に伴い、利用可能なデータベースの数や電子ジャーナルの刊行数は日増しに増えている。また、各図書館が自らデジタル化した資料も図書館を介して多くの利用者に提供されている。このような変化の波は公共図書館にも、大学や研究機関の図書館を含めた研究図書館にも等しく訪れているし、近年、図書館・公文書館・博物館の間の連携も盛んに行われている。開発途上国も含めたアジア各国の図書館・公文書館においてもこの変化の訪れは例外ではない。アジア各国の図書館・公文書館でも、数年前まで未整理・未公開だった書誌情報やデジタル化資料が次々と公開されている。今や、日本の自宅や研究室にいながらアジア各国の図書館・公文書館に所蔵されている資料を探したり、閲覧したりすることが可能になっているのである。閲覧手続きの簡略化や開館時間

の延長、英語での情報発信など、サービス面においてもますます充実度を高めており、短時間で効率のよい調査が可能になってきている。一方、いまだに煩雑な閲覧手続きや、利用制限のある図書館・公文書館も少なくない。このような状況を考えれば、調査活動の前に良質な指南書に目を通すことの重要性は明らかである。

　今日は昨日とは異なり、明日はまた今日とは異なる、といったことが起きるのが世の常である。本書は図書という制約上、ここに掲載された最新の情報も、いつか過去のものになることを免れない。それにもかかわらず、本書の刊行を決意したのは、本書が世に出ることで、一人でも多くの大学院生や若手研究者が世界の図書館や公文書館を身近に感じてくれるのではないか、彼らが直接、図書館・公文書館を訪れて研究成果を上げてくれるのではないかと強く期待するからである。

　本書は合計45本の記事から構成され、地域別の5章から構成される。第1章「東アジア」では、中国、台湾、韓国の図書館・公文書館合計13館を扱っている。とくに中国については、代表的な国立図書館のほか、地方各省の大学図書館や省立図書館・公文書館(中国では檔案館とよばれる)まで幅広く取り上げている。第2章「東南アジア」では、ベトナム、カンボジア、タイ、ミャンマー、マレーシア、シンガポール、インドネシアの図書館・公文書館合計14館をバランスよく紹介している。第3章「南アジア」では、インドの4つの図書館・公文書館を扱うが、国立または州立の公文書館に加え、民族主義運動に関する図書館にも言及している。第4章「西アジア」では、イラン、エジプト、トルコの合計8つの図書館・文書センターを紹介している。とくにイランについての情報の豊富さは類書に例をみない。第5章「欧米諸国」では2つの種類の記事から構成されている。1つめは、バルカン半島の図書館・公文書館3館についての記事であり、バルカン半島の各国の図書館・公文書館事情につ

いて日本語で読める貴重な情報源となっている。2つめは、アジアに関する良質で膨大なコレクションを所蔵する欧米の図書館(含デジタルコレクション)の紹介である。ここではフランス国立図書館"Gallica"、ブリティッシュコロンビア大学・アジア図書館、ハーバード燕京図書館を取り上げている。

　本書が成立し得たのは、東京大学附属図書館アジア研究図書館上廣倫理財団寄付研究部門(Uehiro Project for the Asian Research Library、略称U-PARL／ユーパール)の存在があってのことである。U-PARLは、東京大学アジア研究図書館の創設支援や図書館機能研究、その社会還元等を任務として、公益財団法人上廣倫理財団の寄付によって創設された寄付研究部門である。本書はU-PARLの特任研究員とご縁のあった若手研究者の協力を得て、U-PARLの上記の活動の成果の1つとして出版された。公益財団法人上廣倫理財団のご支援に心から感謝申し上げる。

2019年3月4日
U-PARL部門長
蓑 輪 顕 量
(東京大学大学院人文社会系研究科教授)

[もくじ]

はじめに··U-PARL部門長　蓑輪顕量　(2)
もくじ··(5)
本書で取り上げた図書館・公文書館······································(8)
凡例···(10)

東アジア

EAST ASIA

中国国家図書館	中原理恵	2
上海図書館	荻恵里子	8
南京図書館	関智英	18
蘇州図書館	川内佑毅	22
雲南省図書館	中川太介	26
雲南省檔案館	中川太介	29
湖北省檔案館	矢久保典良	32
華中師範大学図書館	矢久保典良	36
湖南大学図書館	石原遼平	41
台湾国家図書館	王紫	45
中央研究院	荒木達雄	49
台湾大学図書館	八木はるな	56
ソウル大学校中央図書館	小宮秀陵	59

東南アジア
SOUTHEAST ASIA

ベトナム国家図書館	佐藤章太	64
ベトナム国立社会科学図書館	佐藤章太	70
漢喃研究院図書館	平塚順良	73
ベトナム国立第三公文書館	富塚あや子	75
カンボジア公文書館	新谷春乃	80
王立プノンペン大学附属フン・セン図書館	澁谷由紀・新谷春乃	84
タイ国立図書館	宇戸優美子	90
チュラーロンコーン大学学術資源室	宇戸優美子	94
ミャンマー国立公文書局	長田紀之	97
マレーシア国立図書館	坪井祐司	103
サバ州立図書館・本館	金子奈央	107
シンガポール国立図書館	坪井祐司	112
シンガポール国立大学中央図書館・華語図書館	富塚あや子	116
インドネシア国立図書館	坪井祐司	119

南アジア
SOUTH ASIA

インド国立文書館	水上香織	124
ネルー記念博物館図書館	足立享祐	128
マハーラーシュトラ州公文書館プネー分館	足立享祐	132
デーシュ・バガト・ヤードガール・ライブラリー	水上香織	136

西アジア
WEST ASIA

イラン国立図書館	水上 遼	142
マレク国立図書館・博物館	水上 遼	146
イスラーム遺産復興センター	水上 遼	150
マルアシー図書館	水上 遼	153
テヘラン大学中央図書館・文書センター	水上 遼	157
カイロ・アメリカン大学図書館	澤井 真	163
ボアジチ大学図書館	佐治奈通子	170
トプカプ宮殿博物館附属図書館・文書館	岩本佳子	173

欧米諸国
WESTERN COUNTRIES

ドゥブロヴニク国立文書館	佐治奈通子	183
サラエボ東洋学研究所	佐治奈通子	186
ガーズィ・フスレヴ・ベグ図書館	佐治奈通子	188
フランス国立図書館の電子図書館 "Gallica (ガリカ)"	澁谷由紀	191
ブリティッシュコロンビア大学・アジア図書館	辻 大和	199
ハーバード燕京図書館の漢籍デジタルコレクション	成田健太郎	205

おわりに	U-PARL 副部門長	永井正勝	211
執筆者紹介			214

もくじ——(7)

■本書で取り上げた図書館・公文書館

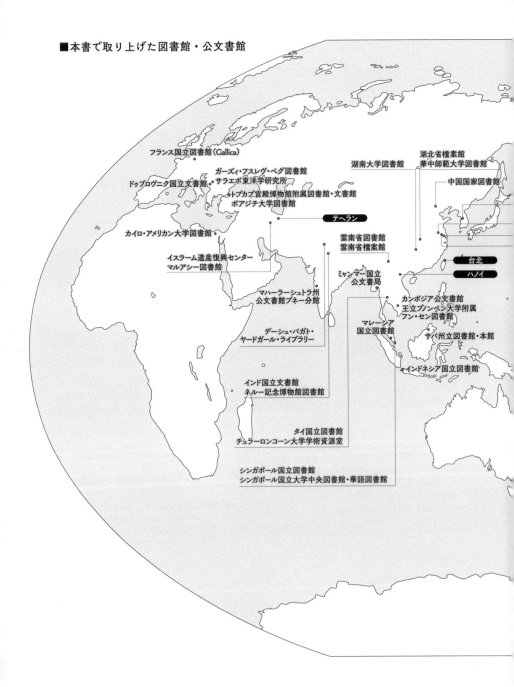

■凡例

・本書に掲載された記事の本文は2014年7月から2019年2月までに執筆されている。実際に図書館・公文書館等を訪問したり、デジタルライブラリーを使用したりする際には、できるだけ新しい情報を入手されたい。

・インフォメーション欄の内容は2018年12月の情報による。インフォメーション欄には、「Webサイト」「住所」「電話」「FAX」「E-mail」「開館日時」「アクセス」「入館・閲覧に必要なもの」「その他」の項目を立てた。それぞれの項目に該当する情報がない場合や利用に際して重要な意味を持たない場合は記述していない。本文に情報が記載されている場合はその旨記している。

・語彙・字体・翻字方式・見出し・参考文献等に関しては、地域ごとの事情を考慮し、個々の執筆者の表記を尊重しつつ、ゆるやかな統一を図った。

・写真については撮影者の記載がない場合、執筆者の撮影による。

・本書は東アジア、東南アジア、南アジア、西アジア、欧米諸国の5章構成をとり、巻頭に全体地図、各部の中扉に地域別地図、巻末に著者紹介を掲載した。

東アジア

EAST ASIA

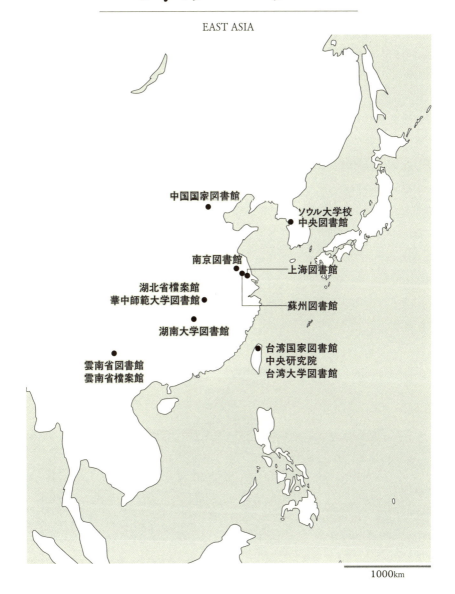

中国国家図書館
The National Library of China
中国国家图书馆

　北京の中国国家図書館(以下、国家図書館)は、白石橋にある総館(南区・北区)と、北海西側の文津街にある古籍館からなり、総館南区には国家典籍博物館が併設されている。

　国家図書館の前身は中華民国期に入って設立された京師図書館で、1928年に国立北平図書館と名称を変更し、翌年には庚子退款(こうしたいかん)(義和団事件賠償金の支払免除分)で建設した北海図書館と合併して、1931年に文津街に新館(現在の古籍館)を建造して移転する。1950年には国立北京図書館と名を改め、翌年北京図書館と再び改める。1987年に白石橋に新館(現在の総館南区)が建てられ、1998年に国家図書館と名称が改まる。2008年に総館北区が造成され、2014年には国家典籍博物館が開館し、現在に至る。

　国家図書館の蔵書数は3200万冊、そのうち善本古籍は14万部200万冊あるとされる(2013年末)。国家典籍博物館は主に国家図書館の蔵書を用いて展示を行っている。

総館南区外観

● ················ **利用方法**

閲覧する文献の種類により、利用する場所が異なり、それぞれの閲覧室の開放日時に違いがあるため、詳しくはウェブサイト (http://www.nlc.cn) で確認してほしい。

所蔵本の検索には、ウェブサイトの「馆藏目录检索」(OPAC、オンライン蔵書目録)が利用できる。たとえば、下記の例であれば、「保存本」であるから、南区2階の総合閲覧室(基蔵本、保存本、工具書)に行けば閲覧可能で、開放時間は「周日ー周五(日～金曜)」の9～17時ということになる。具体的な閲覧室の場所や開放時間は、ウェブサイトの「读者指南」の「图示国图－馆内指引」及び「开馆时间」で調べられる。

図書館を利用する際は、入館前に「存包处」(一時預所)で貴重品や閲覧に必要な物以外の荷物を預け、図書館の入口で手荷物検査を受ける。水は携帯できるが(古典籍の閲覧室内には水も持ち込んではいけない)、飲食物は不可である。ノートパソコンを持ちこむ場合は、一時預所で専用のカバンを貸してもらえる。

館内の各閲覧室を利用する予定があるならば、入館後、「读者卡」(読者カード)の手続きをしたほうがよい。館内には、中文図書閲覧区、善本特蔵閲覧室、縮微文献閲覧室、普通古籍閲覧室といった種々の閲覧室があり、入室する際に読者カードの読み取りを求められる。また読者カードを持っていれば、出納予約や複写申請もできる。

読者カードの手続きは、館内の「办证处」(カード手続窓口)で申請用紙に必要事項を記入し、パスポートを提示すれば、即完了する。カード手続窓口は、総館(南区・北区)、古籍館それぞれに備わる。

● ················ **古典籍の閲覧**

総館南区・北区・古籍館の三位一体の国家図書館において、一般書は総館北区に蔵され、北区が子どもから一般利用者まで幅広く使えるよう役割を担っている。以下では、古典籍の閲覧について紹介したい。国家図書館の古典籍は、善本か普通古籍かによって大きく分かれ、善本は総館南区2階の善本特蔵閲覧室で、普通古籍は古籍館2階の普通古籍閲覧室で閲覧することとなる。ウェブサイトのOPACで、閲覧を希望する古典籍がいずれに所蔵されているのか確認してほしい。検索結果の「馆藏」欄に「南区善本阅览室」及び「古籍馆普通古籍阅览室」と表示される。

注意すべきは、2015年に善本に昇格した普通古籍が多数存在することである。心配ならば事前に電話などで確認したほうがよい。

善本閲覧室　　　電話：(+86) 10-8854-5344
普通古籍閲覧室 電話：(+86) 10-8800-3100

　古典籍の閲覧室には水は持ち込めないので、持参していれば入口付近に設置されている専用の台に預ける。国家図書館に限らず、中国の古籍閲覧室ではこれが徹底されていると思う。日本の図書館で、書庫から借り出した古典籍を、ペットボトル等が置かれた一般の机の上で閲覧させているところがあるが、いかがなものか。

　まず、古籍館であるが、ここに蔵される普通古籍ならば比較的容易に閲覧できる。昔に比べてずいぶん恵まれた状況になったことが、1980年代の中国で、多数の古典籍を調査された大塚秀高先生の思い出話からうかがえる(大塚秀高『増補中国通俗小説書目』「後書き」、汲古書院、1987年)。当時、国家図書館の普通古籍は柏林寺に置かれてあり、北海の古籍館から毎日一回車を出して書物を往復させていたという。「いざ閲覧となると、朝九時以前に申し込んだ場合のみ翌日、それ以後なら翌々日というのが普通であった」。最初は毎日車が出ていたのに、そのうち先方もうんざりしてきたようで、「車がなかった(没有車)と、書物がなかなか出なくなった」、とのいきさつが書かれている。

　現在、私たちが普通古籍を利用する場合は、閲覧室のカウンターで閲覧申請書に必要事項を記入し、書庫から本が出てくるのを待つ。複写も可能だが、全体の3分の1以下しか申請できない(過去に申請した人たちの分も含めて3分の1以下とされる)。完成すれば、後日メールで、国家図書館の透かしの入ったデジタル資料として送られてくる。料金は刊行年、刊本か写本かの違いによって異なるので、

古籍館外観

現地で確認してほしい。

　次に、善本であるが、原本を閲覧するには、事前予約が必要で、時間に余裕を持って申請するほうがよい。とりわけ善本で、マイクロフィルムがすでにあるもの

OPAC画面

善本閲覧室

については原本を見ることは困難だと思う。マイクロフィルムならば直接善本閲覧室を訪問して、そのまま利用できる。善本、マイクロフィルムともに複写申請できるのは、普通古籍の場合と同じである。

　善本の原本を閲覧したい時は、善本閲覧室のメールアドレス（a01088545344@163.com）に、善本閲覧希望である旨を伝えれば、折り返し申請書を添付してもらえるので、書類を作成して再送し、結果を待てばよい。申請願が通って閲覧できることになれば、所属先の紹介状が必要となる。

　いざ善本を閲覧する段になると、警備員付きで本が運ばれてくる。筆者は2015年・2016年に善本を閲覧した際、白手袋を着用するよう指示された。斯道文庫の佐々木孝浩氏が、古典籍調査の際に手袋をすべきかどうかについて述べた文章があり、「手袋をして薄い料紙を捲るのは難行に等しい」（「書物の声を聞く　書誌学入門【5】」『書物学』5、勉誠出版、2015年）と書かれているが、その通りで、筆者も手袋を着用して古典籍を閲覧すべきではないと思う。余計な力が紙に加わって本が傷むからで、しっかり手を洗えばそれで十分である。ところが2017年に訪れた時は手袋着用の必要がなくなった。これはよかったと思っていたところ、2018年前半はどうやら、10本指の上半分を切り離した手袋を着用させていたようである。聞くところによると、閲覧者の数が多く、手を洗っているのか確認することが難しいため、苦肉の策であるとのこと。手を洗わないなどといった、いいかげんな閲覧態度は、制限となって自身に振り返ってくることを認識したほうがよい。なお、2018年12月は手袋なしで閲覧可能であった。

　閲覧態度について一つ加えれば、古典籍の装訂である線装本は、私たちが普段目にする洋装本とは異質のものである。連続絵本さながらに、ぱらぱらめくって目当てのページを探すなど論外で、古典籍を見るときは、手に持たず机に置き、本を重ねて見てはいけない。印刷部分が擦れてしまわないよう、なるべく文字のない部分に触れ、葉をめくるときは一葉ずつ丁寧にめくる。閲覧していないときは本を開けたままにしない。閲覧が終われば、もと通りの状態に戻して返却する。閲覧者の意識向上が求められると思う。

● ……………古典籍の画像データベース

　最後に、国家図書館のウェブサイトでは、古典籍のデジタル画像が多数公開されている。「古籍－中華古籍資源庫」に進めば検索できるが、画像を見るには利用登録する必要がある。読者カードを持っていればその情報が使え、なくてもメールアドレスで新規登録可能である。

　各図書館の本には特有のにおいがあり（防虫剤）、国家図書館の本も独特のにおいがする。毎日でも通いたいけれども、そうもいかず、久々に訪れて本を手に取ると、国家図書館のにおいがして、なつかしい気持ちになる。一度、北京の中国国家図書館に足を運んでもらいたい。

[中原理恵]

インフォメーション

Web サイト	http://www.nlc.cn/（中国語） http://www.nlc.cn/newen（英語）
住　　所	
総館	中国, 100081, 北京市海淀区中関村南大街 33 号 33 Zhongguancun Nandajie, Hai Dian District, Beijing, 100081, China
古籍館	中国, 100034, 北京市西城区文津街 7 号 7 Wenjin Street, Xi Cheng District, Beijing, 100034, China
電　　話	
総館北区（総合案内）	(+86)10-8854-5360
総館南区（総合案内）	(+86)10-8854-5426
古籍館（カード手続窓口）	(+86)10-8800-3101

開館日時
閲覧室の開放日時に違いがあるため、詳細はウェブサイトで確認してほしい。以下は一例。
　総館北区（中文図書閲覧区）　月～金［9:00～21:00］、土・日［9:00～17:00］
　総館南区（善本閲覧室）　月～金［9:00～17:00］
　古籍館（普通古籍閲覧室）月～金［9:00～17:00］

アクセス
　総館　　　地下鉄4号線・9号線の国家図書館駅の目の前。
　古籍館　　地下鉄4号線の西四駅を下車し、D出口を出て、文津街を東に向かって徒歩約15分。詳しくは、ウェブサイト上の「読者指南」の「図示国図－館外指引」に地図や交通機関などの情報が載せられている。

上海図書館
Shanghai Library
上海图书馆

　上海図書館は1952年に建立され、1958年に上海歴史文献図書館・上海市報刊図書館・上海市科学技術図書館と統合、1995年には上海科学技術情報研究所と合併して現在にいたっており、中国国内最大規模の公共図書館としてつとに有名である。
　中国近代史の研究者にとって上海図書館といえば大変なじみの深い図書館で、清末の政治外交史関連なら、例えば、李鴻章の部下にあたる盛宣懐の檔案の大部分を収蔵しており(詳しくは王宏「上海図書館が収蔵する盛宣懐檔案についての概述」『史資料ハブ　地域文化研究』7、2006年を参照)、光緒帝の師傅であった翁同龢の日記稿本・関連檔案なども収蔵されている(2015年に収蔵された。例えば、上海図書館内で無料配布されている冊子『上图导航』総第175期、2018年第10期には「上图持续推进翁同龢生平文献研究」という記事がある)他、上海古籍出版社より出版されている上海図書館歴史文献研究所編『歴史文献』の一連のシリーズ発行などを行っている。このように収集・整理・公開と積極的に活動している図書館であり、筆者も論文にその公刊史料を使用していて、普段からなにかと恩恵に浴している。
　研究内容によっては上述のような公刊史料を日本で見るだけで足りることも多いが、例えば出使日記の1つとされる張蔭桓『三洲日記』のように、版本の異同があって研究上問題となる場合があるなど(詳しくは岡本隆司・箱田恵子・青山治世『出使日記の時代』名古屋大学出版会、2014年を参照)、図書館に直接足を運んで史料を確認するという作業はなお不可欠である。もちろんまだ公刊されていない史料も数多くあり、史料状況として全体を把握することも難しい(目録については後述)。筆者はサントリー文化財団から2014年度後期「若手研究者による社会と文化に関する個人研究助成」(鳥井フェロー)の助成を受け、2016年3月末に約一週間上海に滞在し、上海図書館で調査を行うことができたため、そうした状況も確認するべく図書館を訪れた。その際、主に図書館2階の古籍閲覧室及び3階の「新阅读体验(新閲読体験)」ルームを

利用したので、特にこの二ヶ所について現時点での利用方法を紹介したい。

◉……………カード(読者証)の作成

　上海図書館は上海地下鉄10号線「上海図書館駅」を降りてすぐの場所にある。正面入口から入ると、地下鉄同様の簡単なセキュリティチェックがあり、正面にエスカレーター、左手にロッカールーム、斜め右手に「办证処」がある。初めて訪問する場合は、この「办証処」でまず「読者証(読者証)」を作成する必要がある。カード作成は毎日8:30～16:30に行うことができ、無料である。エスカレーターの裏にあるパソコンから名前やパスポートナンバーなど必要事項を入力し(住所には中国での滞在先を入力)、出力された用紙とパスポートを「办証処」窓口に提示すればすぐにカードが発行される。受け取ったら忘れないうちに、カード裏面のサイン欄に中国語表記で名前を記入しておこう。

◉……………ロッカー利用時の注意点

　古籍閲覧室には鞄類を持って入れないため、カード作成後にロッカールームで荷物を預ける必要がある(無料)。ロッカールーム入ってすぐのところにはスタッフがおり、そこにカードを差し込む機械(クレジットカードを差し込むような形状のもの)が

上海図書館正面入口

あるので、まずカードを差し込む。その後、空いているロッカーを選んで荷物を預けることになる。ただ、これが問題で、ロッカーの使い方が独特であるために、初めて利用する際にはわかりにくい。実際に利用する読者の便宜を図るため、以下に特に記しておく。

空いているロッカーがあるかどうかの判断は、ブロックごとに液晶画面で確認できるようになっているので、まずは空きがあるブロックを探し、液晶画面下にある赤いボタンを押す。するとバーコードが書かれた紙が出てくると同時にロッカー1つが開くので、そこに荷物を入れる。この時、一度しめると2分間は開けられず、一度開けてしまうと次に赤いボタンを押して開くのが同じロッカーとは限らない仕組みになっている(つまり、ロッカーを閉めるときは使うもの全てを取り出してから閉めること、また、荷物のなかから一部分を取り出すためにロッカーを開ける際は、一度荷物全てを出してロッカーを閉め、新たにロッカーを開けなおさないといけない、ということになる。バーコードは1枚ごとに一度限り使用できるものなので、使い終わったらすぐに破棄しておく方がよい)。

ロッカーを開ける際は、バーコード発券口の上にバーコードを読み取る部分があり、そこにバーコードをかざすことで開けられる(バーコードの紙をロッカーの中に入れてはいけない！)。大きさはリュックが入る程度なので、キャリーケースは入らないと思われる。

なお、古籍閲覧室へはノートパソコンの他に、本やノートの持ち込みも可能である。筆記用具については、筆箱ごと持って入ってもよいものの、鉛筆かシャーペンを使用されたい。また、筆者は春物のコートを着用していたが、着たまま入室することもできた。

● ……………… **古籍閲覧室での閲覧方法**

エスカレーターで2階に上がり反対側へ回り込んだところに「古籍阅览区(古籍閲覧区)」がある。最初に、区画に入ってすぐ左側にある「古籍出纳台(古籍出納台)」に行き、カードを機械(ロッカールーム同様)に差し込み、パスポートを見せて本人確認を受けた後、カードを預けて代わりに金属製の番号札(「铜牌(銅牌)」)を受け取る「发券(発券)」を行う(11:30～13:00は、退室はできるが発券はできない)。利用する日ごとに

この「铜牌」の番号を覚えておき、閲覧室に入ってすぐのところにいるスタッフに渡す。

　古籍を出納する場合、パソコンで検索するか図書カードを見て「历史文献阅览单」（古籍出納台で入手できる）に必要事項を記入し、古籍出納台に渡す。この時「阅览证证号」の欄には「铜牌」の数字を記す。一度に出納できるのは4種の古籍までで、返却しないと別のものを新たに閲覧することはできない。また、11:15〜13:00は史料の出納ができない（すでに出納した史料や閲覧室内外のパソコンの閲覧は可能）ので、出納を申請する場合は8:30〜11:15ないし13:00〜16:15の間に行う。現物が出納される際は閲覧室内のスタッフから「铜牌」の番号で呼ばれる。

　古籍は善本と普通本に分けられており、善本は特別な理由がない限り現物を閲覧することはできず、閲覧したい場合は理由を添えて図書館に申請し、許可を得なければならない。また、天候が曇りないし雨天の場合は出納してもらえない（普通本は天候にかかわらず出納可能）。電子化されて館内のパソコンから画像で閲覧できるものもあるので、まずは館内限定の検索サイトで検索してみる必要がある（館外からアクセス可能な検索サイトは「上海图书馆－古籍书目查询」(http://search.library.sh.cn/guji)だが、これとは別にある）。ちなみに、画像の閲覧は館内備え付けのパソコンであれば古籍閲覧室に設置されているもの以外でも可能だが、閲覧できるのは古籍閲覧室の開館時間内に限るようである。

　16:30には閲覧している古籍の返却を求められる。その際、数日続けて同じものをみたい場合は「保留」することができ、出納にかかる時間を多少短縮できるのでスタッフに申し出るとよい。閲覧作業を終えて完全に返却する際は「完了」と伝える。

　なお、閲覧室内には備え付けのコンセント（日本と同形状）・鉛筆・鉛筆削りがあり、洋装本の『四庫全書』なども配架してあって使い勝手がよい。

● ・・・・・・・・・・・・・・・・**古籍のコピーについて**

　コピーは本の状態などによって金額が変動する。頻繁に変更されるため、最新の情報は現地で手に入れるしかない。ただし、基本的に高額かつ現金支払いのみであることに変わりはないため、研究計画を立てる際には複写はできない前提で予定を組んでおく必要がある。

筆者が利用した2016年3月末段階では、申請できるのは月〜土8:30〜11:15、13:00〜16:15の間であり、善本のコピーは50元〜でコピーできる分量の上限は全体の三分の一まで、普通本は1冊全部をコピーすることができるものの、版本の形態（抄本・鉛印本など）によって1枚の料金が変動し、抄本なら半葉が2.5元（つまり一枚5元〜）となっていた。スキャン（PDF化）もできるが、コピーより料金は高く、土曜は受け付けていない。

　コピーを申し込む際は、まず閲覧室内のスタッフに一枚あたりの料金を判断してもらって「委托复制单」に単価を記入してもらい、自分の名前もサインする。その後、閲覧室そばのコピー室で担当者に実際のコピー作業を行ってもらい、「委托复制单」に枚数を記入してもらったら、枚数や状態に応じてだと思われる作業代を支払う（計算方法は不明で領収書ももらえない。筆者は2回コピーを行い、17枚で3.8元、37枚で11.3元支払った）。次に1階の支払所（古籍閲覧区のちょうど真下にあたる場所にある古籍出納台に似た受付）に行き、指定されたコピー代を支払うことになる（ここでは領収書がもらえる）。

● ・・・・・・・・・・・・・・・・・・・・新聞読体験の活用

　3階にあるこの部屋（開館時間は毎日9:00〜17:00）では、中国国内はもとより世界各地の各種データベースを閲覧可能で、図書館のカードさえあれば有料のデータベースも無料で閲覧できる。

　備え付けのパソコンのデスクトップ上にあるショートカットから、「iDoc 资源库导航」という各種データベースへのリンクが表示されるようなページにアクセスすると（このページ自体は日本からでもアクセスが可能 http://db.idoc.sh.cn/）、館外からでもアクセス無料のデータベースが多数記載されており、いろいろと検索してみることで新たな発見もあるだろう。無料で持ち帰れる『上海图书馆数字资源手册2015版』というパンフレットが置いてあり、一覧表があって参考になった。

　古籍閲覧室と併用してうまく活用すれば、上海図書館館内だけで論文を書き上げてしまうこともできるかもしれない。もちろん、毎日の食事についても図書館内・付近ともに非常に便利である。

● ……………… **目録情報**など

　管見の限り"上海図書館の目録"は存在しないようである。ただし善本に限れば、古籍閲覧室に配架されている、北京図書館出版社古籍影印室輯『明清以来公蔵書目彙刊(全六十六冊)』(北京図書館出版社、2008年)の28巻に、上海図書館編「上海図書館善本書目　五巻」(1957年鉛印本)が所収されている。

　また、以下のような論文も参考になろうか。

・松浦章「在上海研究調査箚記」(『満族史研究通信』8、1999年)
・松浦章「上海図書館所蔵の檔冊について」(『満族史研究通信』9、2000年)

　民国時期(1911～1949年)の史料であれば、3階の中文参考工具書閲覧室(開館時間は毎日9:00～17:00)に配架されている北京図書館編『民国時期総書目』全20冊(書目文献出版社、1986～1997年)があり、テーマ別に分けられて各巻に挙げられた著作が、北京図書館・重慶図書館・上海図書館に所蔵されているかどうか、記号でわかるようになっている。

　なお、古籍閲覧室の入口付近(古籍出納台の向かい側あたり)にある図書カードは、四角号碼のものと四部分類のものがある。ただし、カードにはあっても館内限定の検索サイトでは出てこないものがあったり、検索サイトでも館外で見られるサイトと館内限定のものでは同じ語で検索してもヒットするものが異なることがあったりするなど、癖があるようなので注意されたい。

　結局、数日という筆者の短い滞在では、図書カードや館内限定の検索サイトを一部分確認し、見たいと思っていた史料及びカードから気になったいくつかの史料にざっと目を通すことができた程度であって、上海図書館の古籍閲覧室にある蔵書だけでもその全体像をつかむには到底及ばなかった。現状の所感としては、筆者の研究対象である総理衙門関係の史料で、先に述べた松浦氏の論文に挙がっていないものもあり、電報に関する規定集など日本ではほとんど見られない面白い史料の存在も知ることができたので、公刊されているものと合わせてみればこれまでとは違った史料の見方・使い方が可能であるように思われた。研究に必要な史料をもれなくおさえるためにも、また上海図書館に足を運ぶことになりそうである。

　なお、筆者は上海図書館を利用するにあたって、当時現地で史料調査中であった

大阪府立大学(日本学術振興会特別研究員PD)の佐々木聡氏にお世話になった。佐々木氏の専門は宗教文化史であるので、筆者とは専門分野の違う読者にとって有用な史料もあると推察できる。上海図書館は中国内では一・二位を争うくらい、外国人にとって利用しやすい図書館である。海外での調査に慣れていない読者でも十分に活用可能であるため、不安な場合は筆者のように先輩・友人の協力を得るなどしてぜひ訪れてみて欲しい。

● ·················· 2018年10月追記

　本稿の書籍掲載にあたり、筆者は折良く杭州に留学中で、最新の情報を確認できたため、ここに追記しておく。

　近年中国ではスマートフォンの普及・発達に伴って情報入手・発信方法の変化や電子決済化が進んでいる。そうした流れに従って上海図書館でも多少の変化が見られた。特に取り上げておくべきものとしては、カード(読者証)の種類、微信(WeChat)での情報配信、コピー料金の支払い方法、無料Wi-Fi、が挙げられよう。基本的な利用方法に大きな変更点はなく、閲覧室の開館時間等も概ね変更ないようである。

　まずカードに関しては、新規のカード(読者証)が交通カードなどと同様の非接触ICカードになった。これまで使われていた接触型の読者証は今まで通り使用することができ、両タイプのカードが併用されている状態である。加えて、後述する微信で上海図書館をフォローして読者証の番号を登録しておくと、カードを忘れても微信からバーコードを表示してかざすことで、館内のゲートを通る際カード代わりにできるようになった。

　この微信というのは、別名WeChatとも言われるスマートフォンアプリで、日本のLINEに似たものである。中国ではGoogleが使えず、LINEはダウンロードすらできないため、中国人の間では近年主要な連絡手段としてこの微信が使用されている。館内に掲示されているバーコードを読み取るか微信上で検索して探し出した上海図書館の「公众号」(公式アカウント)をフォローすると、上述したようなカード代わりのバーコードが表示できる他、蔵書検索ができるのはもちろん、上海図書館で開かれる講座などの活動案内が不定期で送られてきたり、その案内からそのまま参

加予約をすることもできる。上海図書館は年中無休を謳っているが、閲覧室によっては国定祝祭日に開かないもしくは閲覧時間が短縮される場合がある。そうした場合、事前に「公众号」で告知される点も便利であろう。なお、その他に上海図書館の活動状況がわかるものとして『上图导航』(上海図書館が無料配布している冊子で、図書館ウェブサイトからも閲覧が可能 http://www.library.sh.cn/fwzn/stdh/)もあり、行われた活動の報告や図書紹介の記事などが掲載されている。最新状況は微信で、報告等は冊子で確認するといったように、利用者は状況に応じてこれらの媒体を使い分けるとよいだろう。

　コピーに関しては、申請手順はほとんど変更ないものの、料金の支払い方法が現金以外に電子決済にも対応した。現在中国で主要な電子決済といえば、上述の微信による決済(WeChat Pay)か支付宝(Alipay)である。支付宝は中国のオンラインショッピング淘宝(Taobao)での決済システムとして始まり、中国人の間で爆発的に普及した電子決済方法・スマートフォンアプリである。中国版Paypalのようなものだといえばわかりやすいだろうか。都市や店によっては支付宝と微信のどちらの決済方法が普及・対応しているか斑があり、上海図書館でコピーを行う際にはやや複雑な状況になっているので、現状のコピー料金と合わせて詳しく述べておこう。

　コピーにかかる料金(広義の意味でのコピー代)は、"手数料"と実際にコピー作業を行ってかかる"作業代(狭義の意味でのコピー代)"から構成される。現状の"手数料"は以下の通りである(閲覧室内でスタッフのいる机にある掲示「古籍复制收费标准」の「普通古籍资料费」「善本古籍资料费」部分を参照)。

- 閲覧室内のパソコンで閲覧できる善本史料、等級品・稿抄本の善本　半葉50元
- 普通善本　半葉25元(明刻本、図片)、半葉15元(乾隆帝前刻本)、半葉10元(乾隆帝後刻本)
- 普通本　半葉2.5元(稿本、鈐印本、図や写真を含むもの)、半葉2元(抄本)、半葉1.5元(乾隆帝前刻本)、半葉1元(乾隆帝後刻本)、半葉0.5元(鉛印本、石印本、影印本)

閲覧室内のパソコンで閲覧できる善本史料(「数据库内文献」、コピーはデータの打ち出しのみ可能)は上述の金額(画面には一葉分が表示されるので一画面100元)に加え、A4用紙に打ち出す費用「打印费」が1枚1元かかる、というように相変わらず高額であ

る。コピーについてスタッフに聞いたところ、「上海図書館の史料は大変貴重であり、そのコピー利用には利用のために図書館に支払う手数料が必要で、それは非常に高額なのだ」というような話であった。

　ところで、以前は閲覧室そばのコピー室で担当者に実際のコピー作業を行ってもらって料金を支払っていた。以前"作業代"と記していたこれは、狭義の意味での"コピー代"であって上述の"手数料"とは別なのだが、現在コピーを行ってもらう場所が変わり、支払いは微信でも可能になった。ただし、ここでは支付宝は使えない。場所は1階から2階にエスカレーターを上がって一番近い場所にある「复印」窓口である。ここで実際のコピーが終わったら、以前同様1階の支払所に行き、閲覧室スタッフが「委托复制单」に記入・指定した"手数料"を支払う。ここでは現金以外に支付宝が使えるようになったが、微信支払いはできない。

　こうしたスマートフォンでの支払い事情は、館内で無料Wi-Fiが利用できるようになった事とも関わってくるだろう。

　2016年段階では無料Wi-Fiはなかったか使えるような代物ではなかったと記憶しているが、現在館内では2つの無料Wi-Fiが利用可能(shlibraryとi-Shanghai)である。shlibraryは図書館のカード番号とパスポート番号で接続できるが、i-Shanghaiは携帯電話の番号と、その番号にショートメッセージでその都度届く暗証番号が必要であり、中国での携帯電話番号がないと利用できないものとおぼしい。古籍閲覧室のスタッフによると、shlibraryは電波状況が悪く、i-Shanghaiの方がよいそうだ。ただ、筆者のパソコンではなぜか暗証番号等の入力ページが立ち上がらず、両方とも接続できなかった。中国は日本以上に様々な場所で無料Wi-Fiが利用可能ではあるものの、特にパソコンで利用する場合は繋がりにくい、速度が遅いということがよくあり、機器との相性もあるため、日本の感覚で利用できるとは思わない方がよい。

　合わせて注意すべき点として、先に挙げた2つの電子決済(微信と支付宝)についても、外国人が利用するにあたって幾つか条件があることが挙げられる。両者とも電子決済機能を利用するにあたって、中国の銀行口座の登録が必要となる。現地で銀行口座を作るためには中国国内の携帯電話番号(SIMカード)が必要で、銀行によっては加えて居留許可証もなければ口座を作ることができない。中国では実名認証が

年々厳しくなっており、初めて中国に行く人が数日の滞在の内に電子決済を現地で登録、利用するのはかなり難しいだろう。電子決済が利用できる状況にあれば図書館以外でも非常に便利ではあるので、利用できる読者はこうした状況を踏まえた上で調査計画を練って欲しい。

　このように中国社会の変化に伴って多少の変更点はあれども、依然として上海図書館が利用しやすい図書館であることに変わりはない。上海図書館を利用しながら、中国社会の変化を身近に感じることもできるかもしれない。本稿がその案内として少しでも役立てば幸いである。　　　　　　　　　　　　　　　［荻　恵里子］

インフォメーション	
Webサイト	http://www.library.sh.cn/ （中国語）
	http://www.library.sh.cn/web/index.html （英語）
	http://www.library.sh.cn/Web/home.html （日本語）
住　　所	中国、上海市徐汇区淮海中路1555号
電　　話	(+86)21-6445-5555
E-mail	service1@libnet.sh.cn
開館日時	
古籍閲覧室	月〜土［8:30 〜 17:00］
	日・祝［休］
	善本現物の閲覧は月〜金［8:30 〜 16:30］。その他閲覧室ごとに開館時間は異なり、毎日［8:30 〜 20:30］の閲覧室も多い。国定祝祭日は短縮時間となるため要確認のこと。
入館・閲覧に必要なもの　その他	パスポート（「読者証」作成時）、読者証（ロッカールーム・各閲覧室利用時）「読者証」を作成する際に入力するデータに必要なので、中国での滞在先住所（ホテルならホテルの住所と部屋番号）を控えておくこと。カード作成は無料（有効期限なし）だが、必要ならば有料で通常の図書が貸借可能なカードにすることもできる。古籍閲覧室は写真撮影不可でコピーも高額であるため、複写はできない前提で予定を組むこと。また、天候が曇ないし雨天の場合、善本の閲覧はできない（普通本は可）。

南京図書館
Nanjing Library
南京图书馆

　中国で北京の国家図書館、上海の上海図書館に次ぐ規模を誇るのが南京の南京図書館である。その歴史は清朝末期の1907年に創立された江南図書館に遡り、国民政府時代の1933年に設立された国立中央図書館もその系譜に連なる。人民共和国後、図書館の再編成により現在の南京図書館となり、2007年の創立百年を記念して市中心部の大行宮に地上7階・地下1階の新館が建設された。

　大行宮は清代の皇帝巡幸時の行在に由来する地名だが、この附近は六朝時代から政務の中心地であったと言われ、現に図書館地下1階の床の下に、梁代建康城内の遺跡を見ることができる(無料)。図書館の向かいの総統府は、その名の通り中華民国国民政府の中心であったが、清代にはここは両江総督が政務をとった場所で、洪秀全率いる太平天国が南京を都に定めた際も、やはりこの地に宮殿が置かれた。南京図書館は、言うなれば南京の歴史に寄り添った場所に建てられているのである。ガラス張りの館内上層階からは、附近の総統府・毘盧寺(旧中国仏教協会本部)はもちろん、遠く紫金山をも仰ぐことができる。

　図書館にはこれまで特蔵部(市内虎踞北路)に別置されていた中華民国時期以前の書籍類も一括して収蔵されている。蔵書は総数910余万冊で、うち中華民国時期の出版物は70余万冊、それ以前の古籍は160余万冊に及ぶ。この南京図書館所蔵の古籍コレクション形成の陰には、戦時中日本占領地に成立した汪精衛政権で内政部部長を務めた陳羣の蔵書が核を成している。陳羣蔵書であったものには、「澤存書庫」「人鶴(陳羣の号)」の印が押され、その来歴を伝えている(陳羣の蒐書の詳細は拙稿「中国・南京図書館案内」『歴史学研究月報』633号、2012年9月参照のこと)。

● ················· **利用方法と収蔵資料**

　さて南京図書館における閲覧方法は以下のとおりである。ここでは主に民国時期の書籍閲覧について説明する。

閲覧には閲覧証の発行が必要である。閲覧証の発行には手数料10元の他、貸出機能に応じて「押金(保証金)」が必要だが、民国以前の書籍・古籍はそもそも貸出ができないので、閲覧のみを利用する場合は普通閲覧証で十分であろう。普通閲覧証発行は、用紙に必要事項を記入し、パスポートと一緒に1階窓口に提出する。

　閲覧室入室の前にカバンはロッカーに預ける(無料)。ロッカーは1階に大型ロッカーがある他、各階のエスカレーター附近にも設置されている。閲覧室に飲食物・パソコンのソフトケースの持ち込みはできないので、ロッカーに入れておくと良いだろう。

　民国時期の書籍の閲覧は、4階の民国文献閲覧・方志暨江蘇文献閲覧室、古籍は5階閲覧室で行う。ただ、民国時期の書籍も5階で閲覧を求められる場合がある。閲覧室に入ったら、カウンター上にあるバーコード読取装置に閲覧証のバーコードを

南京図書館北口(総統府側入口)

1階にあるモニュメント

図書館より紫金山を背景に左より、総統府・毘盧寺・中央飯店を望む

かざす。
　室内には『江蘇省誌』を筆頭に近年出版された江蘇省内各行政区の地方誌、地名録が揃う。江蘇省各県市の事前調査などには便利な場所である。また、『民国叢書』『申報』『盛京時報』『民国日報』といった新聞・雑誌や、『国民政府公報』『偽満洲国政府公報』等各種影印本も配架されており、自由に閲覧できる。
　室内には蔵書検索のためのパソコンも数台置かれているが、南京図書館のウェブサイト（http://www.jslib.org.cn/）で蔵書が確認できるので、訪問前に事前に必要な文献の所蔵を確認しておくと良いだろう。
　4階の閲覧室は北西方向に面しており、隣には南京江寧織造博物館が見える。パソコンの持ち込みは認められており、室内のコンセントも利用することができる。
　民国時期に発行された原本の閲覧であるが、閲覧は1日5冊までと制限されている。カウンターに置いてある名刺大の申請用紙に必要事項を記入し、パスポートと一緒に渡す。パスポートは、閲覧中はカウンターで管理されており、本を返却した際に返却される。

本は普通10分程で届けられる。この際、破損している、あるいは本棚が壊れている、といった理由で閲覧できない本がかなりあるので注意が必要である。南京まで足を運んで閲覧できないと知った時の悲しみは大きいが、これだけは実際に申請してみなければわからない。ただ、申請した書籍の中に閲覧できないものがあった場合は、5冊になるまで何度でも申請は可能である。係員が持ってきた書類に受け取りのサインをして本が渡される。

　コピー(電子複写)は認められていないが、デジタルカメラによる撮影が認められるようになった点が古籍部時代と異なる。ただ撮影については1頁につき数元を支払う。この価格は書籍の発行年代によって異なるということであったが、1940年代であれば最低でも5元／頁ということであった。

◉⋯⋯⋯⋯⋯**食事処**

　食事だが、図書館の正面地下には大型ショッピングセンターがある(地下に大娘餃子あり)。また図書館北側、太平北路に沿って民国時期の建築をイメージした「1912」というレストラン街がある(値段はやや高め)。より安く済ませたい人には、太平北路を西側に並行して走る碑亭巷に行けば、牛肉麺などを扱う庶民向の食堂があるので、お勧めである。

［関　智英］

インフォメーション

Webサイト	http://www.jslib.org.cn/ (中国語) http://www.jslib.org.cn/pub/njlib/Jslib_englishversion2012/ (英語)
住　　所	中国、江蘇省南京市中山東路189号
電　　話	(+86)25-84356000
開館日時	
総合閲覧室	月〜金［9:00〜21:00］ 休［9:00〜17:30］
その他閲覧室	［9:00〜17:30］
アクセス	総統府対面(バスでは総統府あるいは大行宮下車0分、地下鉄2号線大行宮下車0分)
入館・閲覧に必要なもの	閲覧証(パスポートを提示して作成する。［9:00〜17:00］)
その他	中国の図書館なので、その時々で規則が変更される可能性はある。閲覧には余裕を持った日程を組んだほうが良いだろう。

蘇州図書館
Suzhou Library
苏州图书馆

●·············**概要と所蔵資料**

　蘇州図書館は、中華人民共和国江蘇省蘇州市を代表する公立図書館である。清末の正誼書院学古堂を前身とし、1914年(民国3年)に設立された。本館は市中心の人民路918号に所在し、その他市内に10箇所以上の分館が点在する。現在の本館は2001年に建てられた近代的な建物である。蔵書は約320万冊で、そのうち古籍は約30万冊、うち約2万冊が善本古籍である。これら蔵書については、蘇州図書館ウェブサイト上の図書検索(http://reader.szlib.com/opac/index/advance)より検索することができる。データベースは、図書・期刊・非書資料・古籍・電子書籍・音像資料に分かれており、個別に選択してキーワードを交えて検索することができるので

蘇州図書館

（いずれも簡体字表記）、訪問する前に検索して目当ての資料をリストアップすることをお勧めする。

筆者は、博士研究の一環として、明清代の古籍史料を求めて2015年3月に同図書館本館及び古籍閲覧室を訪れた。古籍閲覧室は、本館の敷地内の別の建物に所在し、奇石の乱立する庭園「天香小築」のそばに位置している。ここでは紹介状など必要なく古籍を閲覧することができる。本館にて荷物を預けたのち古籍閲覧室へ向かい、パスポートを提示して番号札を受け取った。室内には木製の机と椅子が並び20ほどの座席があり、利用者は疎らでひっそりとした雰囲気であった。右に掲載した写真左手奥の開架の書棚には工具書や地方志叢刊などが安置されており、自由に閲覧することができた。

古籍閲覧室

古籍閲覧室内の様子

蘇州図書館では、書誌情報の電子化が進んでおり、検索用端末を用いて書籍を検索し、その情報を出庫申請書に明記して館員に提出し、閲覧するという手順であった。1日の閲覧冊数の制限などはなく、出庫の待ち時間もさほど長くなかった（5～10分程度）。カード目録はすでに他所へ移されたのか、閲覧室内には見当たらなかった。ここで、自身の専門である印章・篆刻に関する古籍を1日掛けて検索・閲覧した。

蘇州は、明代末期には絹をはじめとする交易を中心として、経済・金融の中心地

蘇州文物商店

として栄華を極めた地である。その経済的繁栄を背景に、沈周や祝允明、陳淳、唐寅、文徴明らの文人が現れ、書画や扇面の応酬や家刻法帖の刊行が流行するなど芸術活動が盛んに行われ、印譜や刻印に関する論著の刊行も少なくなかった。蘇州図書館には、明清代を通して当地で刊行された地元ならではの稀覯本や手稿本が少なからず収蔵されている。「書原」や「篆刻法要」など、書や篆刻についての論述を収めた何爾塾著『篆刻草』（一帙二冊、乾隆56年刊）や、汪克塤による手稿本『篆刻随録』（一冊）、呉大澂の蔵印印譜『雙罍軒漢印譜』（一冊、原鈐本）などは他ではあまり見ることのない稀有な資料であった。また、日本人篆刻家の濱村裕（五世濱村蔵六、1866〜1909年）が渡清し当地で編した印譜『結金石縁印譜』（二冊、光緒28年刊）は、日本印人の当地における活動の一端を垣間見ることのできる貴重な資料であった。

● ·························· **複写**

　資料の複写であるが、コピー不可でありスキャンなどのサービスもなく、複写できる状態でない点は惜しかった。文章などを控える場合は手稿による写しか、パソコンに打ち込んで持ち帰るほかに方法がない。このような事情はウェブサイトなどに殆ど明記されておらず、当地に行くまで分からないことである。中国の図書館の古籍閲覧室では、日夜パソコンに向かってひたすら文字を打ち続けている人を散見する。皆、書籍の内容をひかえるために時間を掛けて作業しているのである。撮影やスキャンが可能な館であったとしても、複写は法律上全体の三分の一までと決まっており、全てを複写することは不可能である。手稿本や稀覯本の情報を収集す

るには、事前にどのような複写サービスがあるか図書館に直接問い合わせることをお勧めする。

◉............**食事処**

周辺の食事事情だが、館内に食堂はなく、近くの人民路と十梓路の交差点付近に庶民向けの食堂などが並んでいる。また、市中心の人民路沿いには蘇州文物商店があ

観前街

り、観前街などの繁華街も賑わいを見せる。古籍閲覧室は、11時から13時までの2時間は昼休みにつき閲覧の申請ができないので、色々と周辺を散策してみるのもよいであろう。

[川内佑毅]

インフォメーション	
Webサイト	http://www.szlib.com/ （中国語） http://www.szlib.com/en/Home/Content?catId=90&articleId=37361 （英語）
住　　　所	中国，江蘇省蘇州市姑蘇区人民路918号
電　　　話	(+86)0512-65227889
開館日時	月〜日 [9:00〜21:00]
入館・閲覧に必要なもの	パスポート（古籍閲覧時）
そ　の　他	古籍閲覧室の閲覧時間は、月〜金 [9:00〜11:00] [13:00〜17:00]

雲南省図書館
Yunnan Provincial Library
云南省图书馆

　雲南省図書館は清朝末期の1909年に設置された由緒ある図書館であり、20世紀以降、雲南の歴史書編纂や、歴史資料の収集の拠点として活動してきた。初期の館長には雲南省政府の重鎮が多く歴任している。

　場所は雲南省政府の所在地の昆明市中心部にある。省政府から西へ数百メートルほど歩くと緑豊かな翠湖公園に至るが、雲南省図書館はちょうど翠湖公園を挟んだ対岸にある。ちなみにこの公園のほとりには雲南省図書館だけでなく雲南陸軍講武堂、雲南大学、雲南省長旧宅など、中華民国史にゆかりのある歴史的な建築物が並んでいる。雲南陸軍講武堂は公開されており、当時の日本式軍事教育の風景を収めた写真などが見られる。雲南省長旧宅「盧漢公邸」は国共内戦末期、雲南を共産党との対決の拠点に活動していた国民党の将軍たちが省長に監禁され、雲南省の共産党政権入りの契機となった事件の現場である。また雲南諸図書館正門の道路を挟んだ向かいにも清朝以来の建築物である石屏会館がある。

● ･･････････････････**利用方法**

　さて、雲南省図書館であるが来館してすぐ本の閲覧ができるわけではない。2階の受付でパスポートなどの身分証を提示した後に発行される図書カードを係員に見せないと各図書室に入室できない。

　建物は高層ビルであるが、図書室は2階から5階までである。1階は講演ホールやレストラン、書籍補修部などがある。2階は受付のほか、新聞閲覧室や児童図書室、新刊閲覧室などがあり、3階、4階、5階にかけて自然科学、社会科学、文芸、外国語、地方文献、歴史文献などのジャンル毎の図書室があるほか、コンピューター室などがある。

　いくつかの図書室では配架書籍の閲覧だけでなく、自習のための利用もでき、多くの大学生や高校生などの勉強風景を目にすることになる。また地方文献を収めた

図書室のうち1つは対外に開放されていない。ガラス戸ごしに見れば蔵書は雲南省の各地方自治体の現代地方志の類であることがわかる。ちなみに外国人は基本的に地方文献をはじめ書籍の貸し出しができないなどの制限がある。

　私は2008年から2010年までの雲南大学への留学中、よく雲南省図書館に足を運んだ。私が専ら利用した図書室は、地方文献に関する一室である。ここには清朝期以来の漢籍や新聞、雑誌、個人の書簡集などが収められている。とはいえこれらは配架されているわけではない。どのようなものが所蔵されているか、図書室のそばにある棚の書籍カードを1枚ずつあたってその概要を把握するほかない。一方配架されているものの多くは工具書や日本でも閲覧可能な全集だが、中には雲南省独自の地方史書もあるので見逃せない。

　さて書籍カードなどから読みたい文献を見つけると、図書室内にいる係員に申請するわけだが、やはりここでもすべてが閲覧できるわけではない。図書館側が提供不能と判断するのは現物が経年劣化している場合（特に新聞が多い）や、政治的理由からである。前者について実際に補修中のため、と言われることがある。また仮に申請が通ってもページをめくるのさえ憚られるほど損傷が激しいものがある。後者については、よく「対外開放していない」、と言われ、特に国境や民族、宗教に関するものに関しては外国人への閲覧の制限が厳しいようである。

　これらの地方文献の古籍の一部については、マイクロフィルムでの閲覧が可能である（私の滞在中に限って言えば雲南省図書館に置かれていたマイクロリーダーは故障中として始終使用できなかった）。このマイクロフィルムは中国の国家事業の対象でもあるので、このなかの更にいくつかは東方書店などを通じて日本からでも数万円で購入が可能である。

　閲覧者は学生や中高年の市民が多い。たまに海外からの研究者、留学生の姿も見られる。閲覧者が地元の雲南人である場合、係員との雲南方言の会話が聞ける（「去」の発音を標準語のquとはせずにkaとするなど、一部に日本の漢字の音読みとの類似性がみられる）。私個人の思い出で恐縮だが、上海から来訪していた家系図（「家譜」）職人の方が印象的であった。もともと世襲の職業であったが、中華人民共和国に入り、文革終了まで仕事ができず、1980年代から徐々に仕事が増えていったとのこ

とである。依頼のあった一族の資料を探すため図書室の文献をあたっていたのであった。

　文献を閲覧してぜひ研究に利用したい、と思ってもこれらの歴史地方文献はコピーや撮影が原則禁止である(撮影は一生涯4枚まで可能)。したがって筆写を余儀なくされ、在室のうち大半が筆写の時間となり、朝9時から夕方5時の閉館までの在室が珍しくなかった。

◉⋯⋯⋯⋯⋯⋯**雲南の冬**

　雲南省、特に昆明においては南方の高原ということもあり1年を通して概して温暖な気候が続く。そのことから特に公的な建物の内部では空調や暖房がないのが一般的であり、雲南省図書館も例外ではない。ところが冬、寒気が月に一、二度訪れることがあり、その際はほぼ東京と変わらない寒さとなる(降雪は昆明では珍しいらしいが私の滞在した2年とも降雪があった)。このような場合、図書館が独自の判断で閲覧者に暖を提供するということはない。そればかりか係員が換気の習慣と称して閲覧室のあらゆる窓を全開にしたりする(係員の席にはお湯のでる給水器があるが閲覧者は利用できない)。冬に利用する際は服装などに注意し、日本からホッカイロを持参するか、熱い飲み物を入れた魔法瓶を代替に持っていくといいだろう。

[中川太介]

インフォメーション

Webサイト	http://www.ynlib.cn（中国語） http://en.ynlib.cn/（英語）
住　　所	中国，云南省昆明市五华区翠湖南路141号
電　　話	(+86)871-65322035
開館日時	月～金［9:00～12:00］［13:00～17:00］ 土・日・祝［休］
入館・閲覧に必要なもの	パスポート（一部閲覧室は中国機関の紹介状）

雲南省檔案館
Yunnan Archives
云南省档案馆

　中国における檔案館(局)とは主に行政文書を所蔵した施設である。一定期間が過ぎると政府は文書を檔案館に送ることになっている。雲南省檔案館は雲南省政府による、19世紀後半以降の行政文書を所蔵している。

　雲南省檔案館は雲南省の政庁所在地、昆明の市街地にあり、中心地よりやや西南に離れた、ビジネスホテルの点在する閑静な団地街にある。すこし足を延ばし15分ほど西南に歩けば雲南を代表する湖である滇池のほとり、大観公園に至る(日本語の音声を発する古い遊具があったり、高射砲を模したシューティングマシンがあったりする)。

● ・・・・・・・・・・・・・・・・・・・・・・利用方法

　雲南省に限らず多くの檔案館では閲覧を希望する場合、パスポートなどの身分証だけでなく、中国の機関からの紹介状が必要となるので、海外からの利用者は留学先や友人などを介して大学などの研究機関から紹介状を入手しなければならない。

　雲南省檔案館では閲覧室にある受付でこれらの身分証明を提示して許可があったのち初めて利用できるようになる。一般的に檔案館では何の文書があるか、目録を見て把握する。しかし、これは雲南省檔案館に限ったことではないが目録は手書きによるものが大半で、そこに書かれた字は多くが崩していたり、癖が強かったり、走り書きであったりするなどして大変読みづらい(中国では基本的に簡体字を用いているが、文化大革命の時期に更に省略を加えた簡体字が提案されており、目録でもしばしばこの簡体字を目にする)。

　目録から興味のある文書を見つけると、受付で閲覧を申請し、檔案館の許可を待つことになる。檔案は政府の文書であることから、その管理は厳しく特に海外からの利用者には制限が大きい。雲南省檔案館は中国研究者から最も謹厳な檔案館の1つとして名高い。閲覧できる文書には制限がかかるのだが、雲南省檔案館の場合、それが特に厳しい。なお無事に閲覧が許されても文書のコピーや写真撮影は原則不

可であり、筆写によるほかない。

　中国において特に外国人への公開に慎重なのが国境や民族、宗教などの文書である。とはいえ、これらがどのように抵触するか檔案館の判断には幅がある。例えば一見関係なさそうな、雲南省における商人の活動についての文書を見ようとして閲覧不可の判断を下された場合もある。私が留学していた雲南大学のある教授によればかつて雲南の多くの商人が近隣のチベットやビルマ、ベトナムなどと交易をしており、国共内戦においては諜報活動にも関与した背景があったとのことである。また全く政治上問題のなさそうな分野でも許可されない場合がある。雲南省の塩業についての文書をあたろうとしたが、目録の閲覧の段階で拒否された。

　ただこうした閲覧制限は必ずしも日本人など外国人に対してのみ適応されるというわけではなく、中国人でも閲覧できないことも少なくないという。私は2008年から2010年まで留学していたが、その間大学にある党の研究機関に関係する研究者は閲覧の便宜が得やすい、といった愚痴も中国人学生から一、二度聞かされたことがある。

　閲覧拒否につき上記のことを理由として言う場合もあるが「プライバシーに関する」と述べられる場合も多い。またデジタル・ライブラリー事業のため使用中、とされる場合もある。前者については上述の教授によれば国共内戦、或いはそれ以前の省内における武力闘争などには政治的な評価がなお定まっていないものがある。また当時の関係者の遺族や一族で現在政府や党の要職に就いている者も少なくなく、こうした場合には配慮が働くのだという。後者については現在、中国の檔案館では文書をウェブ上でも閲覧できるよう整備を進めている。とはいえ少なくとも留学当時から今に至るまで雲南省檔案館(局)のウェブサイトでは清朝末期及び1940年代後半の一部の時期の文書を除き、多くは表示されていない。

　以上のように、雲南省檔案館は文書の公開についてはかなり保守的な態度であり、研究する分野によっては使用に不便を感じるところもある。しかし、所蔵文書の閲覧以外のサービスも行っており、書籍の販売がそれにあたる。雲南省檔案館では所蔵する檔案を編集した史料集を発行しており、檔案館で購入ができる。ただし、中国国内での利用に限ること、国外に持ち出ししないことなどの確認が口頭で

行われる。これらの史料集には日中戦争中の雲南省政府と中央政府との電報を収めたものや、上述した塩業に関するものもあり、これらの資料は研究に多く引用されている貴重なものである。

　雲南省檔案館は雲南省政府に関する文書を扱っているが、必ずしもこの厳しい管理方針が雲南省すべての自治体の檔案館に貫徹しているというわけではない。持参する紹介状を特に信頼するなどして文書を公開する裁量を行う檔案館も存在する。親切にしてくれた檔案館の職員はよく覚えておき、丁寧な態度でいれば、来訪するたびに気遣ってくれる場合がある。もっとも人事異動があった場合はその限りではなく、注意が必要である。

　檔案館の閲覧には職員による裁量が少なくないが、中国内外をとりまく政治情勢も影響を与えやすい。日中関係が悪化すると閲覧許可の裁量が狭まる傾向がある。

［中川太介］

■インフォメーション

Webサイト	http://www.ynda.yn.gov.cn/（中国語）
住　　所	中国、雲南省昆明市西華北路119号
電　　話	(+86)871-64184418
開館日時	月〜金［8:00〜12:00］［14:30〜18:00］ 土・日・祝［休］
入館・閲覧に必要なもの	パスポート・中国機関の紹介状

湖北省檔案館
Hubei Provincial Archives
湖北省档案馆

湖北省檔案館外観

湖北省檔案館付近の東湖の風景

　武漢市は長江と漢江によって漢口、武昌、漢陽の武漢三鎮と呼ばれる三地区に分かれているが、そのなかの武昌地区は省政府などの官公庁や武漢大学、華中師範大学や華中科技大学などの高等教育機関が立ち並ぶ、湖北省の行政と文教の中心的な地域である。湖北省檔案館はその武昌のなかでも最も風光明媚な場所の1つである東湖のほとりに建っている。筆者は2010年9月から2012年7月まで中国湖北省武漢市に留学していた。留学中には湖北省檔案館(局)を利用していた。2012年当時は地下鉄がまだ建設中であったため、留学先の華中師範大学からバスに乗って「洪山路口東一路」まで行き、そこから歩いて通っていた（バス停から湖北省檔案館まで5分から8分くらいであった）。公共交通機関を利用して行く場合は、「水果湖」や「洪山路口東一路」などが最

寄りのバス停である。

　湖北省檔案館に関する文書館訪問記などの文書館情報や『湖北省檔案館指南』などといった檔案館ガイドもすでに刊行されている(参考文献欄参照)。それに加えて、筆者の留学は2012年7月までであったので、筆者の知っている情報はそれまでのものである。檔案館の公開状況や利用状況は随時更新されるので、現在の本檔案館の利用方法などの状況は本稿で紹介するものと違うかもしれないことをご了承していただきたい。そこで、本稿は留学中の個人的な檔案館の利用体験として利用状況を紹介したい。

「洪山路口東一路」バス停

　湖北省檔案館は湖北省直轄の文書館であり、省政府およびそれに所属する行政機関に関する文書を保存・管理・公開している。湖北省檔案館の状況に関する公式ウェブサイト上の紹介や檔案館のパンフレットによると、「民国檔案」(1928〜1949年の民国時期の湖北省政府、省所属機関と公営・民営企業に関する「檔案」文書。全90の「全宗」(フォルダ)、約16.5万巻)、「革命歴史檔案」(1922〜1949年の湖北省と隣接する省で形成された革命根拠地および中国共産党組織に関する「檔案」文書。全11の「全宗」、約1000巻)、「中南大区檔案」(1949〜1954年の中南軍(行)政委員会および所属の部(局)、処の「檔案」文書。全95の「全宗」、約6.6万巻)、「省直機関檔案」(1949から2010年の省委員会、省政府および所属の機関団体の「檔案」文書。全181の「全宗」、約27万巻)、「館蔵資料」(清末から2010年代の所蔵檔案に関する新聞、定期刊行物、文献および工具書。約6万冊が公開済み)という文書のジャンルで公開されている。所蔵文書の種類や内訳(「湖北省政府檔案」、「湖北省民政庁檔案」など)などについては、上述した『湖北省檔案館指南』でも紹介されている。湖北省檔案館のウェブ目録はとても充実しており、所蔵資料を検索できる。その目録は主に「館蔵民国檔案」目録検索、「全省各地民国檔案」目録検索、「省直機関檔案」目録検索の三種類に分かれている。このウェブ目録を有効的に活用すること

で檔案館を訪れる前に、どのような資料があるのかといったことや、ファイル名や檔案番号を把握することができる。民国時期を専攻する筆者は、「館蔵民国檔案」目録検索を利用してから湖北省檔案館を訪問した。また「全省各地民国檔案」目録検索は湖北省内の檔案館所蔵の民国期檔案の一部を横断的に検索することができる。このように、湖北省檔案館は検索機能が充実している(他にも湖北省檔案館のウェブサイト上で「辛亥革命目録」等の目録検索もできる)。個別の資料に関する所蔵状況に関しては、上述した工具書(ウェブ目録や『湖北省檔案館指南』等)をご参照いただきたい。

● ・・・・・・・・・・・・・・・・・・・・・利用方法

　次に、湖北省檔案館の利用方法に関してすこし見ていきたい。まず筆記用具やパソコンと貴重品以外はロッカーに荷物を預ける。ただしあまり大きくない手荷物は持って入室可能である。最初に湖北省檔案館を訪問する時は、パスポートと中国国内の大学あるいは公的機関の「公印」のある紹介状を持参していく必要がある(筆者は武漢の大学に留学中であったので、日本から短期間で行く場合は事前に申請したほうがいいと思われる)。必要書類を提示し、申請書に記入して利用手続きを行う。そのあと、閲覧したい資料を請求する。上述のウェブ目録に事前にどのようなものがあるのかを調べてきた場合は、そのファイル名と檔案番号を係員に伝える。また檔案番号や資料をその場で検索する必要がある場合は、館内のパソコンを使って検索することができる。湖北省檔案館はデジタル化も進んでおり、デジタル化された文書に関しては館内に備え付けられたパソコン上でデジタル化された資料を閲覧する。「湖北省政府檔案」や「湖北省民政庁檔案」はすでにデジタル化されているものも少なくなかった。まだデジタル化されていない文書は、現物を閲覧することができる。現物で閲覧したい資料がある時は、閲覧したい資料を係員に申請して、そのあと閲覧が可能な資料である場合は資料が出納される。資料が出てくるまでには数分以上かかることがあり、資料によってまちまちであった。閲覧した資料を返却したら次の資料を申請することができる。その日に閲覧し終えることができず、翌日も訪れる場合(または来館予定日がその最終利用日からあまり離れていない場合)は取り置いてもらうことができる。

　複写したい資料がある場合は、受付けに複写を申請し、その資料が複写可能で

あった場合は複写することができる。ただし毎巻1/2〜1/5といった複写可能な範囲に制限がある(A4・B4サイズは1枚1元。資料によっては閲覧費や保護費がかかることもある)。

　筆者は民国時期を研究対象としているので、「湖北省政府檔案」、「湖北省教育庁檔案」、「湖北省民政庁檔案」などといった民国時期の文書を閲覧した。既見のかぎりではあるが、これらの文書は民国期の湖北省に関する研究をしている方々にとってかなり有効であると思われる。また湖北省檔案館は充実したウェブ目録があり、またデジタル化も進展しているためとても利用しやすかった。そして、閲覧室のスタッフの方々がとても親切に対応してくださったので快適に利用することができた。

◉……………現在の状況

　以上は、2014年12月にU-PARLウェブサイト上のコラムとして公開された時点での原稿である。2019年2月現在、湖北省檔案館(局)のウェブサイトの形式が2014年12月当時と変更されている。上述したウェブ目録についてもアドレスが変更され、形式や項目も変わっている(例えば、現在の「民国檔案」のアドレスは、http://www.hbda.gov.cn/searchitem/208_9.jspxである)。

　また、上述した三種類の目録の区分ではなく、「開放目録」と「専題目録」の大分類になっている。そのうちの前者は、「省直檔案」と「民国檔案」の2つの目録に分かれており、後者には「湖北省労模」(湖北省における模範労働者)、「湖北辛亥革命」、「湖北抗戦損失」という3つの目録検索が含まれている。これらはどれも条件指定検索とキーワード検索の二種の方法で検索が可能である。　　　　　　　[矢久保典良]

●参考文献
　川島真「浙江省檔案館・図書館, 湖北省檔案館訪問報告」『中国研究月報』51巻2期、1997年、31〜37頁。
　湖北省檔案館主編『湖北省檔案館指南』中国檔案出版社、2008年。

インフォメーション	
Webサイト	http://www.hbda.gov.cn/ (中国語)
住　　　所	中国，湖北省武漢市武昌区水果湖洪山路87号
電　　　話	(+86)27-87233921
開 館 日 時	月〜金 [8:30〜11:30][14:30〜17:00] 土・日・祝 [休]
入館・閲覧に必要なもの	パスポート・紹介状(中国国内の大学あるいは公的機関の「公印」のあるもの)

華中師範大学図書館
Central China Normal University Library
华中师范大学图书馆

　華中師範大学は武昌南湖そばの桂子山という小高い山(丘)の上に位置している中国教育部直属の師範大学である(住所は湖北省武漢市洪山区珞瑜路152号、郵便番号：430079、電話番号：(+86)27-67868359)。華中師範大学の前身は、文華書院大学部(1903年に創建され、1924年に華中大学に改名)、中華大学(1912年創建)、中原大学教育学院(1949年創建)を基にして、1951年に組織された公立華中大学である。1952年に華中高等師範学校に改組され、1953年に華中師範学院に改名し、1985年には現校名である華中師範大学に更に改名され、現在に至っている。

　華中師範大学は、師範大学という分類に属しているが、文学院、教育学院、歴史文化学院、外国語学院等の文系学部から物理科学と技術学院、数学と統計学院等の理系学部までを含む28の学院を持つ総合大学である。各学院の他にさまざまな専門分野の研究所と研究センター(あわせて約60)が設置されている。華中師範大学の図書館は華中師範大学図書館をはじめ、各学院・各研究所も各資料室・図書室を有している。

　筆者は、2010年9月からの2年間、中国湖北省武漢市にある華中師範大学に留学した。本稿では留学中に主に利用していた大学図書館、中国近代史研究所文献中心(文献センター)と東西方文化交流研究中心・文献中心(東西方文化交流研究センター・文献センター)を中心に、華中師範大学の図書館事情についてご紹介したい。

● ・・・・・・・・・・・・・・・・・・・・華中師範大学図書館

　華中師範大学図書館は新館(総館)と旧館によって構成されている。筆者が留学を開始した2010年当時は本館(現旧館)と東館の2館体制であったが、新館を建設している最中であり、旧館と東館から新館への移行期間であった。本図書館新館は地上9階、地下1階(部分的に地下2階もある)であり、中文閲覧室、中文開架式書庫、外文(外国語文献)閲覧室、中文報刊閲覧室、古籍特蔵閲覧室などの閲覧室や自習室を備

えている。基本的には開架式の一般的な大学図書館である。図書館の利用者は、資料の貸し出しや閲覧を目的とするだけではなく、閲覧室や自習室に自主学習しにくる学生でいつも混んでいた。

本館の所蔵資料は中国語図書、外国語図書や定期刊行物を含めて総計249万冊あり、デジタル資料に関しては電子書籍を104万冊、中文データベースを37種、外国文データベースを43種持っている。そのなかには「華大文庫」、「桂子文庫」、「中国農村問題研究文献数据庫」(中国農村問題研究文献データベース)、「我博士碩士論文全文数据庫」(華中師範大学の博士論文・修士論文全文データベース)などといった華中師範大学が独自に作成したデータベースも含まれている。また公式ウェブサイトの情報によると、館蔵の古籍図書は9,105種、11万1,779冊(その中に善本書455種、3,511冊を含む)を所蔵している。これらの所蔵資料について、本館のウェブサイト上の蔵書目録によって検索することができる。ただし、民国期や社会主義時代の書籍は閉架書庫にあり、一部は公開されていなかった。大学図書館の概況は上述のとおりである。旧館は中華式の重厚な建築であるが、それに対して新館は開放的なガラス張りの建物であり、明るい雰囲気であったため利用しやすかった。

華中師範大学旧館

● ……………………**中国近代史研究所文献中心**

次に、中国近代史研究所文献中心についてご紹介したい。筆者は中国近現代史を専門としているため、留学中は華中師範大学中国近代史研究所と後述の東西方文化交流研究中心で主に勉強していた。本研究所は華中師範大学の西門近くにある国際

華中師範大学国際交流学院一号楼

華中師範大学中国近代史研究所

華中師範大学中国近代史研究所文献中心

交流学院一号楼の4階に位置している。本研究所は、中国教育部人文科学重点研究基地に指定されていて、湖北省をはじめとした華中地域における中国近現代史研究の中心的な大学研究機関の1つである。ここでは、辛亥革命史、中国における草創期の近代化に関する研究や「商会」(商業団体)研究、博覧会史、郷村における手工業史、近代社会団体研究、教会大学史、キリスト教史などにおける高水準の研究がなされている。このような本研究所は、国際交流学院一号楼の1階に本研究所文献中心という図書室を備えている。利用には中国近代史研究所か歴史文化学院への所属を示す身分証の提示が必要である。

　武漢市をはじめとした湖北省の文史資料や新編地方志など湖北省に関係する蔵書や近年刊行されたものを中心とした影印版の資料集(会議録や定期刊行物等を含む)などの資料が充実している。本研究所の蔵書に関して、ウェブサイト上の目録によって確認することもできる(2019年2月現在非公開)。また、本図書室の一画には、野沢豊氏による一群の寄贈書が所蔵されているため、日本語で書かれた文献なども利用することが可能である。本図書室は所蔵資料を複写することが可能である。

曇華林

東西方文化交流研究中心

● ·······················**東西方文化交流研究中心・文献中心**

　最後に、中国近代史研究所とともに利用していた東西方交流文化研究中心についてご紹介したい。東西方文化交流研究中心は中国近代史研究所と同じ建物である国際交流学院一号楼の6階に位置している。本研究センターは2001年に成立した大学付属の研究センターであるが、その前身は1994年に設置された華中師範大学中国教会大学史研究中心である。上述のように、華中師範大学の起源は1903年の文華書院大学部とされているが、その学校の基礎となる文華書院自体は1871年に米国聖公会によって武昌城内の曇華林に創設された英語名を「Boone Memorial School」と呼ばれるミッションスクールであった。

　華中師範大学は、宣教師が創った教会学校を前身としているため、教会大学に関する研究センターを有していていた。そのような研究センターを、教会大学史や宗教史研究を含む東西文化間の交流や国際学術交流を研究する機関へと発展的に改組したものが、本研究センターである。本研究センターの資料室（文献中心）は、上述の華中師範大学の前身と関係して、キリスト教関係をはじめとした宗教関係の資料（定期刊行物の影印本やマイクロフィルム版の資料を含む）を中心に所蔵している。本文献中心のウェブサイト（http://ewrc.ccnu.edu.cn/tushu/）で目録を検索することができる。

本資料室は研究センターの事務室を兼ねているため、事務室の開室している間は利用可能である。また本資料室内の資料の複写も可能である。

　筆者は、華中師範大学図書館や2つの資料室が、中国近現代史研究や宗教史研究を専攻している方々にとってとても有用な図書館であると考えている。それに加えて、両資料室のスタッフをはじめとした関係者の方々にとても親切に対応していただけたため、華中師範大学の図書館や資料室を快適に使用することができ、本大学での留学生活を充実したものにすることができた。　　　　　　［矢久保典良］

インフォメーション

Webサイト
　華中師範大学図書館　　　http://lib.ccnu.edu.cn/（中国語・英語）
　中国近代史研究所　　　　http://zgjds.ccnu.edu.cn/（中国語・英語）
　東西方文化交流研究中心　http://eastwest.ccnu.edu.cn/（中国語）

住　　所
　中国，湖北省武汉市珞瑜路152号

電　　話
　華中師範大学図書館　　　（+86）27-67868359
　中国近代史研究所　　　　（+86）27-67861579
　東西方文化交流研究中心　（+86）27-67861579

開館日時
　華中師範大学図書館新館・各閲覧室（古籍特蔵閲覧室以外）
　　　　月～木、土～日［8:00～22:00］
　　　　金［8:00～11:40］
　華中師範大学図書館古籍特蔵閲覧室
　　　　月～木［8:00～11:40］［14:00～17:10（冬期）/ 14:30～17:40（夏期）］
　　　　金［8:00～11:40］
　　　　土・祝［休］

入館・閲覧に必要なもの
　華中師範大学図書館閲覧証（学生証）。外部からの利用希望者は各学院・各研究所などの学内の部局などからの紹介状があったほうがいいと思われる。

湖南大学図書館
Hunam University Library
湖南大学图书馆

　湖南大学は中国湖南省長沙市内の湘江と嶽麓山にはさまれた地に位置する中国国家重点大学の1つである。湖南大学の前身は北宋時代(976年)に設立された嶽麓書院だとされている。筆者は2012年から2年間湖南大学に留学していたので、今回はその際に利用した湖南大学図書館を紹介したい。なお、本記事は2015年2月時点の情報に基づき記述されている。とくに利用方法についての最新の情報は、公式ウェブサイトを参照してほしい。

　湖南大学図書館は総館・北校区分館・特蔵分館および11の専業分館からなる。専業分館には後述する嶽麓書院御書楼も含まれる。多くの中国の大学図書館と同様に広い自習スペースがあり、いつもたくさんの学生が自習している。総館には庭園が併設されており、暖かい日には庭園で読書をする学生も多い。庭園には学生だけでなく近所の住民やカワセミも訪れる。

◉··············収蔵資料

　湖南大学図書館は蔵書308万冊と110種のデータベースを所蔵しており、OPAC

湖南大学図書館総館

庭園のカワセミ

で検索することが出来る(http://opac.lib.hnu.cn/opac/index)。ただし、登録されていないものや間違った名前で登録されているものもあるので注意が必要である。

近年はデジタルコンテンツにも力を入れており、「書院文化資料庫」、「湖南民俗資料庫」、「湖南人物庫」、「金融文献数据庫」など独自のデータベースを構築・運用している。

専業分館の１つである嶽麓書院御書楼には元武渓書院刊『事文類集』をはじめ貴重な版本が所蔵されている。2012年に嶽麓書院内に中国書院博物館が開設されると一部の漢籍は御書楼から博物館に移された。

湖南大学が2007年に香港の骨董市場で購入した嶽麓書院蔵秦簡も中国書院博物館に所蔵されているが、残念ながら現在整理中でまだ展示はされていない。

現在の総館が出来るまで使用されていた1947年建造の旧図書館は現在特蔵分館として使われており、書画彫刻などの芸術作品や湖南省出身の人物の資料および湖南大学関係者の手稿や授業の映像などのコレクションが収蔵されている。特蔵分館は景印本も収集しており、中華再造善本シリーズを全巻収蔵している。

● ──────── **利用方法**

湖南大学の学生であれば、学生全員に発行される校園カードというICカードを入口ゲートにかざして入館し利用することが出来る。貸し出しや書庫への入庫もこのカードで行われる。

筆者は学外者として利用したことがなかったため、今回湖南大学図書館に学外者の利用方法を問い合わせてみたところ、湖南大学の学生・教職員・研修生以外は基本的には利用できないそうである。ただし、湖南大学から正式に来賓として招聘してもらうことが出来れば、臨時校園カードが発行されるため利用することが出来る。また、実際に試したわけではないので保証はできないが、今回問い合わせた職員によれば、提携関係にある図書館の利用証があれば利用できるとのことなので、学外者が湖南大学図書館を利用する場合、まず湖南図書館など提携図書館の利用証を取得する必要があるかもしれない（湖南図書館の利用証は湖南図書館の窓口にパスポートを持参して120元（うち100元はデポジット）を支払えば発行出来るようである）。

請求番号から本を探す場合は番号順に配架されていないことがあるので、あるべ

嶽麓書院御書楼

1947年建造の旧図書館（現特蔵分館）

きところに無くてもすぐにあきらめず近辺も探してみたほうがよいだろう。

● 歴史

　湖南大学の前身は嶽麓書院とされているため、湖南大学図書館の歴史も嶽麓書院の蔵書庫に始まる。嶽麓書院の蔵書庫は当初青楼と呼ばれており、宋咸平4(1001)年には真宗皇帝から経書や玉篇などを下賜されている。後に蔵経閣、尊経閣と呼ばれるようになり、清康熙26(1687)年に康熙帝から経書等が下賜されて以降は御書楼と呼ばれるようになった。「御書楼」と書かれた扁額は朱熹の書いた文字を集めて作ったものである。

　王朝交代の戦乱や災害のたびに嶽麓書院御書楼の蔵書は焼失・流出したが、1903年に清光緒帝が書院を廃止し、学堂を設置した際にも大量の蔵書が流出したとされる。

　その後、嶽麓書院は湖南高等学堂～湖南高等師範学校～湖南公立工業専門学校といった変遷を経て、1926年に湖南大学として新たにスタートした。これにともなって大型の図書館が設置されることになり、1933年9月に湖南大学土木系教授であった蔡沢奉の設計したゴシック様式の図書館が完成した。この図書館は総面積が2666.67平方メートル、蔵書が6万3,000冊(1937年時点)あり、当時としては規模・蔵書数ともに華中華南地域で最大の図書館であった。

　しかし、日中戦争の武漢作戦のさなかに湖南大学も空襲を受け、旧図書館は完成から五年も経たない1938年4月10日に完全に破壊された。所蔵していた貴重漢籍の大部分はこの時に失われたと言われている。現在その跡地には、残った建材の一

湖南大学老図書館遺跡

部を使って作った記念モニュメントが建てられている。

その後、第四次長沙会戦(1941年4月～5月)の際に湖南大学は再び空襲を受け、今度は嶽麓書院御書楼が破壊され、再び多くの蔵書が失われた(現在の御書楼分館の建物は1986年に復元されたものである)。

終戦後1947年になってやっと湖南大学図書館が本格的に再建された。この図書館は当時の湖南大学土木系教授柳士英の設計による、伝統的な瑠璃瓦の屋根と洋風建築とを融合させたもので、湖南省の代表的な現代建築として2002年に長沙市によって近現代保護建築に指定されている。

1950年代には貴重書の一部が院系調整により湖南師範大学図書館などに移管された。

その後、蔵書の増加とともに1947年建造の図書館は手狭になり、1979年に現在の総館が建てられた。総館は御書楼と旧図書館(特蔵分館)を結ぶ湖南大学の中軸線の延長線上に位置しており、伝統の継承と発展が表現されているらしい。

2000年には湖南財経学院が湖南大学に統合され、湖南財経学院図書館およびその蔵書がそのまま湖南大学図書館北校区分館として引き継がれた。

以後、蔵書およびデータベースがさらに拡充され、現在に至る。　　　[石原遼平]

インフォメーション

Webサイト	http://lib.hnu.edu.cn/index.htm （中国語）
住　　所	中国，湖南省长沙市岳麓区牌楼路
電　　話	(+86)731-88822211
開館日時	
総館	[8:00 ～ 22:30]
北校区分館	[14:30 ～ 18:00]
特蔵分館・専業分館	月～金 [8:00 ～ 11:45] [14:30 ～ 17:30] 土・日・祝 [休]
入館・閲覧に必要なもの	湖南大学校園カード（湖南大学学生証に準ずるICカード）。湖南大学校園カードが入手できない場合、提携図書館の利用証でも利用可能なようである。

台湾国家図書館
National Central Library
國家圖書館

　台湾国家図書館は、台北市中正記念堂駅のすぐ外に位置し、台北駅周辺から徒歩20分ほどで、アクセスは大変便利だ。私は2013年12月と2014年10月の2度にわたり、本館で資料収集を行い、主に古典籍資料を利用した。ここでは、善本書室や漢学研究中心の古典籍資料を中心に、本館の利用状況について紹介したい。

　初めて訪問する場合は、パスポートと顔写真1枚を用意し、2階入り口のカウンターで利用証を作る（写真がない場合は、パスポートで臨時入館証発行可）。入館する前にコイン不要のロッカーに荷物を預けられるが、簡単な荷物チェックを経てカバンを持ち込むこともできる。入館すると向かって左側に近3年の修士・博士論文、右側に参考書類が開架式で置いてあり、中央に資料の館内貸出・返却カウンターと、資料請求用のコンピュータがある。3階から上は専門閲覧室となり、3階に雑誌閲覧室・電子資料閲覧室、4階に善本書室、5階に政府関係資料閲覧室、6階に漢学研究中心などがある。入り口を出た1階にはコンビニとレストランがあり、館内には給水器もあるので、食事や水を持参していなくても特に困らない。また、1階には大きな自習室があり、資料利用者の座席確保と、自習スペースを必要とする学生の双方に配慮した、有意義な取り組みに見える。

● ・・・・・・・・・・・・・・・・・・・・**利用方法**

　閉架式館蔵資料の大部分は2階の総合カウンターで受け取ることになっており、資料の保存場所によって、「普通調閲」と「時段調閲」の2種類がある。前者は蔵書カタログから資料を検索し、閲覧オプションを選択すると、15〜20分ほどで資料が到着する。後者は固定された出納時間があり、また申込締切が閉館時間よりはるかに早い点が要注意である。普通調閲・時段調閲ともに3冊まで、合計6冊まで一度に請求できる。また、利用証を持っている場合は、訪問前にインターネットで申込を済ませると、時間を有効に使うことができる。ただし、一部の資料は2

台湾国家図書館外観

階以外の閲覧室で請求することになっており、蔵書カタログの詳細説明を参照する必要がある。

　複写は基本的にセルフコピーで、3階の複写コーナーで100元または200元のカードを購入する。複写枚数が少ない場合は、身分証を預け、コピーした枚数分を後払いしてもよい。コピー・印刷ともに同じカードを使い、値段は1枚につき1元。これまで利用したことのある図書館の中で最も安く、当初は大変驚いた。コンピュータを持参する場合は、館内Wi-Fiを通じて館内限定の電子資料にアクセスすることもできるが、GoogleやYahooなどのドメインにはアクセスできない(従って検索エンジンの利用が不便)。台湾政府の提供するWi-Fiにはアクセス制限がなく、館内からでも接続できるので、事前に空港や台北駅などにある旅遊服務中心にパスポートを持参し、アカウント登録をしておくと便利である(https://itaiwan.gov.tw/index.php)。

● ……………**古典籍資料について**

　次に、古典籍資料の利用状況について記しておこう。本館善本書室に所蔵されている漢籍(線装本)は、主に普通古籍と善本書に大別され、その利用形態は、原本、マイクロフィルム、電子画像の3種類がある。マイクロフィルムと電子画像が存在しない場合や、研究上の必要がある場合は、普通古籍は申請表を提出後、1日の審

査を経て原本を見ることができる。善本書は申請表の他に1ページ前後の研究計画書を添付し、最長3日間の審査日が必要となる。短期滞在で善本書申請予定の場合は、事前に研究計画書を準備しておくとよいだろう。マイクロフィルムは即時出納可能で、善本書室内のリーダーを使用する。電子画像は3階にある電子資料閲覧室でも見ることができるが、

台湾国家図書館入口

善本書室のコンピュータのほうが動作が早く、使いやすい。原本の複写はできないが、マイクロフィルム・電子画像ともに、前述のコピーカードでプリントアウトできる。ちなみに、私が訪問した時は善本書室に1つだけ、電子資料の1巻全体を通じて閲覧・プリントアウトできるコンピュータがあり(通常は巻中の各節ごとにしか表示できない)、他と比べて大変使いやすかった。電子画像を多く利用する場合は、館員の方に尋ねて検索・閲覧のコツを教わることをお勧めする。

　四庫系列叢書や館蔵資料の解題・目録などは善本書室に置かれているが、古典籍関連の参考書の多くは、6階の漢学研究中心に集まっている。ここでは他にも各種影印叢書や、中国研究関連の新刊書コーナーもあり、使い心地がいい。また、特記すべきは、海外佚存古籍と呼ばれる影印本コレクションがあることだ。主に日本の国会図書館、内閣文庫、尊経閣文庫や、一部アメリカ・イギリス・中国などの図書館所蔵資料が元となっている。日本国内で利用できる資料が大部分とはいえ、その多くは珍本・孤本で、開架式で自由に手に取ることができるのは大変ありがたい。(なお、ほぼ同じ内容の影印本コレクションは、京都大学人文科学研究所図書室やプリンストン大学東アジア図書館にも存在するが、各館所蔵内容に多少の違いがある)

●……古籍電子化の取り組み

　最後に、本館の古籍電子化の取り組みについて紹介しておこう。近年の取り組みについて紹介してくださった黄文德氏によれば、国家図書館では1994年から古

籍の電子化を進めていたが、大々的な電子化プロジェクトが始まったのは2002年からだという。今では館蔵古籍の多くが電子画像として見ることができるだけでなく、近年はアメリカの議会図書館や各大学図書館との共同電子化プロジェクトによって、他館所蔵の書籍画像も、国家図書館の古籍影像検索データベースに追加されつつある(http://rbook2.ncl.edu.tw/Search/Index/1)。また、国外の大学図書館にアクセスポイントを設置し、館内限定の画像資料を国外で提供する取り組みも進められている。2014年現在、欧米を中心に世界で約十箇所のアクセスポイントが存在する。電子資料が他所でも見られるようになり、利用者の足が遠のく心配はないかとの質問に対して黄氏は、まずは便利な研究環境を提供することを優先させるべきで、本館にどのような資料があるかを知ってこそ、実際に訪問しようという興味が湧くものだと答えられた。積極的に資料の公開、便利化を図るその姿勢には非常に共感を覚え、同時に一利用者として大変ありがたく感じた。　　　　　　［王　紫］

インフォメーション

Webサイト	https://www.ncl.edu.tw/（中国語） https://enwww.ncl.edu.tw/（英語）
住　　　所	台湾，10001, 臺北市中山南路20號 No. 20, Zhongshan S. Rd., Zhongzheng District, Taipei City 10001, Taiwan
電　　　話	(+886)2-2361-9132
開館日時	
総館	月～土［9:00～21:00］ 日［9:00～17:00］
善本書室	火～土［9:00～17:00］（土曜はマイクロフィルム及び予約済みの普通古籍のみ） 月・日［休］
漢学研究中心	火～日［9:00～17:00］ 月［休］ その他各閲覧室については図書館のウェブサイト参照
入館・閲覧に必要なもの	パスポート・顔写真1枚

中央研究院
Academia Sinica
中央研究院

◉⋯⋯⋯⋯⋯**中央研究院の概要と様々な研究所図書館**

　中央研究院は台湾最大の国立専門研究機構で、生物化学研究所、物理研究所、台湾史研究所など、さまざまな専門分野の研究所、研究センター(現在あわせて31あるとのこと)で構成され、ほとんどの研究所が各自の図書館、図書室を有している。

　筆者は2013年夏より1年間、博士候選人(博士学位論文執筆中ないし執筆準備中の状態にある者をさす呼称)として中央研究院中国文哲研究所(文哲所)に所属していた。これら図書館のなかでもっとも頻繁にお世話になっていたのは言うまでもなく、専門分野であることはもとより、研究室から近く気軽に行ける文哲所図書館であったが、ほかにも歴史語言研究所傅斯年図書館(傅斯年は歴史語言研究所の創設者・初代所長の名)、人文社会科学研究センター図書館、民族学研究所図書館、人文社会科学聯合図書館なども利用した。

　筆者の専門分野は中国明代(1368〜1644年)の通俗文学であるが、近代以前の中国は文学、史学、哲学といった現在の区分とは異なる学問体系を有していて、文学を専門としていても、現在では歴史学、哲学に分類されるような資料まで参照しなければ研究にならない。このため必要な資料は複数の図書館にまたがって存在することが普通である。複数の図書館が同一の資料をそれぞれに有していることも少なくない。また、そのことで助かることも多い。院内の各研究所図書館は書籍の貸出期間が長い。博士候選人は3ヶ月であり、期間の延長もできる。専任の研究員ともなれば借り出した本を1年間手元に置いておくことも可能であり、必要な本がすでに借り出されていて、返却期限がずいぶん先になっていることもままある。このようなとき、院内の他の研究所へ行きさえすればおなじものが借りられる(可能性がある)のはたいへんありがたいのである。

　文哲所以外の図書館でたいへんお世話になったのが傅斯年図書館であった。筆者

の必要とする本が多く、文哲所図書館と重複する本も多かったためである。まえおきが長くなってしまったが、上記のような次第であるため、中央研究院内の図書館のうち、筆者がもっともよく利用した二館、文哲所図書館と傅斯年図書館の概要を以下にご紹介する。

● ……………… **文哲所図書館と傅斯年図書館**

　文哲所図書館と傅斯年図書館とは図書の配架方法に大きな違いがある。文哲所図書館はまず参考図書（辞書、目録、叢書など）と一般図書とを分け、次に図書の内容によって分類して配架してある。類似した内容を扱う書籍であれば言語や出版地に関わりなく並べて配架される。また、東京大学で筆者が所属していた文学部・人文社会系研究科中国語中国文学研究室はまずおおきく原文（テキスト）と研究書をわける配架方式であったが、文哲所図書館では原文と研究書とを区別しない。つまり「唐詩に関する本」の分類番号の棚へ行けば、そこには『杜工部集』も郭沫若『李白與杜甫』も吉川幸次郎『杜甫詩注』もなかよく並んでいるというわけである（平凡社「中国古典文学大系」のようなシリーズものは叢書の区画にまとめて配架されている）。

　一方、傅斯年図書館は一般の図書をその内容のまえにまず言語および出版地によって分ける。すなわち、「中文図書」（台湾で出版された中国語の書籍）、「大陸図書」（中国大陸で出版された書籍）、「西文図書」（ヨーロッパ言語の書籍）、「日文図書」（日本語書籍）、「韓文図書」（韓国・朝鮮語書籍）である。これはひとつには蔵書量が膨大であるため（貴重書、参考図書、一般図書、雑誌を含めた蔵書数は文哲所図書館が約37万点、傅斯年図書館が約83万点）、分類方法を細かくしておかなければ類似の番号の本が増えてしまい管理にも利用にも不便になってしまうからではないかと思われる。だが、事情はともあれ海外の図書館のワンフロアにずらりと日本の書籍が並ぶさまはなかなか壮観である（日本人・日本語の資料が多い要因のひとつとして過去の日本による統治があることは忘れてはならないけれども）。筆者はかつて中国大陸の大学に留学した経験があるが、知る限りでは図書館にあれほどの日本の書籍はなかった（もっとも一昔前のことなので現在では状況が変わっているかもしれない。それに、中央研究院と比べるのなら地方の大学ではなく北京大学や社会科学院を引きあいにしなければアンフェアかもしれない）。日本人にとっては便利なことこのうえない。そして日本語の図書以上に豊富

なのは当然ながら中国大陸で発行された中国語図書である。1980年代以前の図書には「匪賊の偽書につき貸出し禁止」なる印が捺されているものがあり、かつての台湾と大陸の緊張状態をいまに伝えているが、「匪賊の偽書の購入はまかりならぬ」のではなく、名目はともあれ出自に関わらずとにかく入手して図書館におさめ閲覧に供するという態度は台湾の学問的な健全さを示すものと筆者は考えている(「匪賊」云々は建前にすぎず、実際には研究に必要な書として買い求めおおいに利用していたという可能性もあろう。確認したわけではなくあくまで推測である)。現在でも大陸や日本の図書・雑誌は続々と購入されていて、最新の動態に触れることができる。

　配架方法の違いが利用法になにかおおきな違いをもたらすものかと言えば、実はそれほどの違いは生じない。図書館にせよ書店にせよ、必要のある、あるいは興味のあるジャンルの書架を見て回るうちにそもそもは探していなかった、時には存在すら知らなかった本に出会うということがあり、それが図書館や書店に行く楽しみのひとつだと思うのだが、現在ではインターネットでの検索システムがたいへんに発達しており、必要な本を事前に検索し、場所を特定したうえで図書館にはその本をとりにいくだけということが多いことと思われる(実際筆者もそういうことが多い)。検索は書名の一部やキーワードのみでも可能であるから、かつては実際に書架をまわって得られた偶然の出会いすら検索システム上で十分に起こり得る。書架が必要な本をとりにいくだけの場となりつつあるのだとすれば、どのような分類でどのような順序で配架されていても番号さえわかればたくさんだということになろう。しかし、そのような趨勢を承知のうえであえて個人の好みを言わせていただけるのであれば、筆者は文哲所方式、つまり言語や出版地に関わりなく内容分類のみで配架する方法を支持する。自分の関わりの深い分野の研究の現況や体系が一目でわかり、同じ分野なのに言語や出版地が異なるというだけであちこち駆け回る必要もない。偶然の出会いも多くありそうな気がする。ものぐさだと言われてしまえばそれまでのことではあるが。

● ················**台湾における中国文学研究──古典籍の利用の問題**

　専攻が中国文学ということで、台湾にいると他分野の研究者や研究者以外の方から「なぜ中国大陸に研究に行かないのか」と問われることもしばしばある。理由は

いろいろ(以前大陸に留学しており、違うところへも行ってみたかったという単純な興味も)あるが、だいたいは「資料の収集やそれにもとづいた研究の量や質を考えれば中央研究院の環境はたいへん恵まれていて大陸に優るとも劣らないから」と答えている。日本にも長い歴史を有する分厚い漢学の伝統があり、資料も研究も無数にあるが、上記のとおり中央研究院でもかなりの量の日本の研究に触れることができる。日本にいても大陸にいても台湾にいてもその環境には一長一短あり、どこがもっとも優れているかなどと単純なことは言えないが、図書館に関しては中央研究院がもっともよい選択肢のひとつであることは間違いない。

　話が図書館利用からそれはじめてしまったのでここで軌道修正し、最後に中央研究院をはじめとする台湾の図書館の欠点にも触れておきたい。欠点というのは失礼であるから、宿命的な不自由さとでも言いかえたほうがよいかもしれない。それは古籍閲覧である。古籍とは文字通り「古い書物」のことで、中国関係の研究分野では主に近代以前に刊行された書籍をさす。近代以降に出版された洋装本(現在出版されるほとんどの本が採用する装丁方法)とは別に管理されることが多い。

　近代以前を専攻とする場合、古籍を見たいと感じることはしょっちゅうである。実物を見なければわかりにくい情報がつまっていることももちろんあるが、自分の研究対象とする時代、その時の人々がどういうものを見ていたのか、文字で伝えられてきた内容だけではなくできれば書物という「かたち」まで含めてその人々にできるかぎり近い体験をしたいという興味もおおいにあるゆえである。しかし古い書物というものは文学研究の視点から言えば資料であるが、また別の方面から言えば立派な骨董品、歴史文物である。活用すると同時に保護もしなければならない。筆者も中央研究院をはじめ、台湾大学図書館、故宮博物院などで古籍の閲覧を申請したが、原本が提供されたことは極めて少なく、マイクロフィルムなどでの閲覧がほとんどであった。特に中央研究院傅斯年図書館はマイクロフィルムのない資料について次々とデジタル画像を作成していて、申請さえすればすぐさま閲覧室備えつけのコンピューターで画像を見ることができるようになっている(傅斯年図書館で明代刊行の古籍の原本が出てきて驚いたことがあるが、これはまだデジタル画像を作成していない資料であったがゆえの例外と考えるべきだろう)。また、傅斯年図書館、台湾大学図書

館はマイクロフィルムについてはその場ですぐに必要なページをプリントアウトできるようになっている。国家図書館善本閲覧室も従来からのマイクロフィルムに加え、マイクロフィルムがないものを中心に電子データも作成していて、これらは比較的容易にプリントアウトが可能である。傅斯年図書館のデジタル画像も申請をすれば2週間ほどで印刷してくれる。このような点は資料を「読む」ことに関しては非常に便利である。しかし、古籍に「触れる」機会はたいへんに限られる。また、その触れ得ない書籍の範囲がはなはだ広い。これは「貴重書」の定義がそもそも日本とおおいに異なるためであろう。たとえば傅斯年図書館では日本の昭和初期の辞書が、文哲所図書館では1920年代の中国の本が閉架書庫に配架されており、申請を出して図書館員に出してもらい閲覧した。どちらも東京大学総合図書館であれば開架図書ないしは書庫(学内の大学院生にとっては実質開架図書同様)におかれるものである。台湾大学で珍しく古籍の原本を出してもらえた時は、「これは嘉慶年間(1796〜1820年)の貴重書ですからね」と何度も念を押され、手袋にマスクをしてようやく閲覧できた。これも東京大学であれば総合図書館書庫や文学部漢籍コーナーの書架にならびそうなものである。東京大学では明代後期以降(17世紀以降)、江戸時代後期以降の書籍でも書架に並び、実際手にとって選びとれるものが実に多いのであるが、それが台湾ではおおむね貴重書としてしまいこまれている。

　筆者は決して台湾の図書館の方法がよくないと言いたいのではない。ましてや嘉慶の書籍でも現代の書籍同様気兼ねなく扱えるようにすべきだと主張しているのでもない。古籍は物品であり、時を経るだけで劣化するうえに、人が手で触れ、開いたり閉じたりを繰り返せばより傷みもすすむ。先人から受け継いできた書籍をやすやすとだめにするわけにはいかない。台湾の図書館は古籍を歴史文物として保管するほうにより重きを置いているということであり、我々もそれを理解し、利用すべきである。日本の図書館でもどこでも東京大学のように古籍を閲覧できるわけではない。歴史文物として保存することを重視し、積極的に閲覧に供しない図書館もいくらもある。しかし台湾の図書館の現状の背後には台湾がかかえている宿命があることも見逃せない。

　台湾は中国語(北京語)を国語と定め、中国文学・中国哲学・中国史などを国学と

する。しかしその歴史的経緯から、その国学の粋たる古籍で現在台湾に存するものには限りがある。先に台湾の資料や研究は大陸に優るとも劣らぬと述べたが、それは台湾にはなく大陸や日本などに存する古籍の写真版や活字版が近年陸続と刊行され、台湾の図書館が熱心に購入し続けていることと無縁ではない。抗日戦争、国共内戦をくぐりぬけてようやく安住の地を得た国学の粋を後代に残すべく、劣化が進まぬよう厳重に管理し守り続けていく方向に台湾が舵をとったのは自然なことであっただろう。結果として多くの古籍は人々の手の届かぬものとなる。筆者はこちらで中国古典文学専攻の大学院生たちの研究発表を聞かせてもらう機会を得たが、古籍原本を見たという学生はほとんどおらず、マイクロフィルムや写真版を利用したという学生もさほど多くはなかった(大学院生だからということもある。専門の学者はもちろんさまざまな手段で古籍資料を利用している)。これは実に残念なことである。

　東京大学では総合図書館書庫や文学部漢籍コーナーなどにおいて、一部の貴重書をのぞけば、大学院生ないし関連学科の学生であれば自ら書架をみてまわり、清代なり江戸時代なりの古籍を手にとって読むことができる。これは非常に得難い(台湾の人にとってはとんでもない)環境であることを筆者は台湾の図書館であらためて実感した。日本国内でも同様の環境を有する図書館はそう多くはないはずである。近く東京大学では大規模な図書館の改編があるとうかがっているが、できることならばどうか、学生院生が身近に古籍を感じることのできるようにしておいていただきたい。無論、古籍は傷むものであるから、いつまでも、なんでも自由に使わせるというわけにはいくまい。しかし、なんらかの制限(専門の学生の利用を優先する、大学院生を優先する、一人あたり一定期間に閲覧できる数量を制限…など)を設けてでも、この豊富な古籍を有する東京大学だからこそできる贅沢な環境を残してほしいと切に願っている。

　なお、東京大学における古籍閲覧のルールに関してヒントとなるのは同じく台湾台北にある国家図書館の古籍善本閲覧室であろう。こちらでも原則は中央研究院などと同様、古籍閲覧には影印本、マイクロフィルム、電子データを優先的に供しているが、特に原本を閲覧したい理由がある場合、その旨を記載した閲覧申請書を提出すれば審査にかけていただける。審査を経て、正当な理由があると認められれば

すでにマイクロフィルムや電子データが作られているものでも原本の閲覧が許可される。無論、簡単に許可されるものではないが、研究上欠くことができないと確認されれば、また、過去に閲覧経験があり、古籍の扱いに問題がないと専門職員に認められている人物であれば必要な調査ができるわけであるから、研究と保存との両立にかなり近い状況を実現できていると言えよう。このようなシステムを維持するには専門的な知識を有する職員を多数必要とするなど、人的にも資源的にも決して軽くない負担が求められるが、専門研究機関としてのアジア研究図書館が参考とすべきシステムであることは間違いないであろうから、ここに追記し、残しておきたいと感じた次第である。　　　　［荒木達雄］

台南・孔子廟。清代に台湾府学（府学はその地方の最高学府）として設立され、現在でも『全台首学』と称されている

■ インフォメーション

Webサイト	https://www.sinica.edu.tw/ch（中国語） https://www.sinica.edu.tw/en（英語）
住　　所	台湾，11529，臺北市南港區研究院路二段 128 號 128 Academia Road, Section 2, Nankang, Taipei 11529, Taiwan
電　　話	
中央研究院	(+886)2-27822120~9 (10 lines)
E-mail	
中央研究院	aspublic@gate.sinica.edu.tw
傅斯年図書館	fsndb@asihp.net
開 館 日 時	
文哲所図書館	月〜金［9:00 〜 16:50］ 土・日・祝［休］
傅斯年図書館	月〜金［8:30 〜 17:00］ 土・日・祝［休］

台湾大学図書館
National Taiwan University Library
國立臺灣大學圖書館

　台湾大学総合図書館が現在の場所に建てられたのは1998年というから、正門とヤシの木と巨大な図書館というあの台湾大学シンボルイメージが定着したのも、極めて最近のことだとわかる。またヤシの木といえば、1928年創立の台北帝国大学図書館を前身とする旧図書館も、ヤシの木の道の中央、文学院のとなりに健在だ。もっとも、今では名を「台大校史館」と変え、台湾大学の歴史を伝える博物館の一つとして一般の来客をもてなす場所となっている。

　ところで幼い頃の私にとって、図書館とは、次から次へと手っ取り早く、新たな"発見"をもたらしてくれる刺激的な空間だった。そこはまた、誰にも邪魔されず何かに没頭するための、安全地帯であり隠れ家でもあった。大人になって、図書館はまさに人類の知の倉庫なのだと認識するようになった。さらに大学院時代をとおして、古紙とインクの香りが持つ独特の癒し効果を知った。あるいは自宅よりも資料が揃っている図書館ならば、なおさら理想の"仕事場"となる。だから論文を書くために台北に滞在した2013年9月からの一年間は、やはり多くの時間を図書館で過ごした。ここでは、長年大学図書館を"仕事場"としてきた人文系院生として、私が考える台湾大学図書館の優れた点を、その設計や機能性を中心に報告したい。

● ……………………**設計と機能性**

　図書館は、何よりもまず歩きやすく、落ち着ける空間でなければならないと思う。その点、台湾大学の総合図書館は、書籍を置く2階と雑誌を置く3階とが全く同一に設計されているため、初めての者でも容易に空間が把握できる。また、書架の付近にはもちろんのこと、エレベーターや階段の前にも低いソファが点々と置かれており、腰を下ろす場所に困ることはない。1階から5階までをくまなく徘徊すれば、しばしば快適そうに居眠りをする学生にも出くわすが、私はこの寛容な空間提供こそが、台湾大学図書館の大きな魅力だと思っている。そのいっぽうで、もち

ろん24時間体制で学生の勉強を応援する自習室も、地下1階に完備されている。私が個人的に大好きだったのは、総合図書館3階にある「台大人文庫」だ。そこは、まさに台湾知識人の西洋式の書斎といった趣で、台湾作家の作品から関連研究書までが壁中に敷き詰められた、ほとんど骨董店か美術館のような一角だった。入口両側に配置されたソファ、高い天井と螺旋階段、窓が切り取る裏庭景色のすべてが、真に美しく調和している。書棚にはここにしかない貴重書も少なくなく、もちろん貸し出しはできないが、

台大人文庫（http://ntucollections.lib.ntu.edu.tw/?q=node/4428 より）

ただ背表紙の集合を目で追うだけでも十分楽しい。私は精神的疲労を強く感じるたびに、「台大人文庫」へ行って書棚を眺めていた。

　ところで、近年の図書館建築は「自然との一体化」をテーマとしたものが多いという。台湾大学は台北市の南東に位置し、その総合図書館に行けば、台北101とその周辺の大都会、その向こうに広がる雄大な山の風景が各階の天窓から一望できるとあって、景観目的の来客も絶えないようだった。

● ……………… **展示**

　総合図書館の正面玄関を入ると、まず、吹き抜けの開放感に浸ることだろう。そして左手には「日然廳」と書かれた小部屋が目に入るはずだ。2014年7月、そこで開かれていた「思想、重慶南路」という展覧会で、私はあらためて台北書店文化の発祥地、重慶南路の歴史を学んだ。他にも、総合図書館で現在開催中のイベントについては、正面玄関においてひととおり確認できる。むろん文学関連の企画も少なくなく、主には5階で著名な作家の手稿展や、それにまつわる他作家の講演や対談などがしばしば開催されていた。また、正面玄関の右手には新聞閲覧室があって、そ

こも一般の来訪客で賑わっていた。つまりここには、学業に疲れた学生も、学問に触れたい来訪客も、どちらも受け入れる寛容な読書空間が用意されているのだ。

● ……………… 研究者の集合場所としての図書館

　しかしまた大学図書館であるからには、研究者にとっても利用しやすい場所でなければならないだろう。台湾大学の図書館は、おそらくその新しさゆえに資料の集中収蔵が徹底されている。そのため中国語圏の、とりわけ台湾の現代文学について論文を書いていた私にとって、そこは最も完全で快適な書斎すなわち"仕事場"となりえた。それに対して東京大学の総合図書館は、その建築的端麗さこそ最たるものではあるが、書籍・雑誌の多くを研究科ごとに分散して所蔵している点で、台湾大学の利便性には遥かに及ばない。そのうえ、台湾大学総合図書館は研究書の貸出に対して極めて寛大で、たとえば博士課程在籍中であれば2ヶ月間で計60冊もの本が貸し出し可能だった。予約がなければさらに2回まで延長できるので、つまり最大で半年間も持ち出しできるのである。また、自由に使える2台のスキャナー、各階にある複写室、集密書庫の明るさ等に支えられて、資料収集はいつもかなり円滑に進んだ。そのほか、4階にある「多媒體服務中心(マルチメディアサービスセンター)」では、重要な歴史資料から今の娯楽映画に至るまで、あらゆる映像作品をゆったりと鑑賞できた。こうして学生のみならず、研究者もみな図書館に集まる要素が整っている。台湾大学図書館は、学生、研究者、一般来客がそれぞれの目的をもって集合する、真に広場のような空間だった。　　　　　　　　　　［八木はるな］

● 参考文献
　図書館計画施設研究所・菅原峻編『図書館建築22選』東海大学出版会、1995

インフォメーション	
Webサイト	http://www.lib.ntu.edu.tw/（中国語） http://www.lib.ntu.edu.tw/en（英語）
住　　所	台湾，10617，臺北市羅斯福路四段一號 Sec. 4, Roosevelt Rd., Taipei 10617, Taiwan
電　　話	(+886)2-3366-2353
開館日時	月〜土［8:00〜22:00］ 日［8:00〜17:00］
入館・閲覧に必要なもの	学外者については、18歳以上であれば誰でも利用できる。ただし身分証（外国人の場合はパスポート）を持参。

ソウル大学校中央図書館
Seoul National University Library
서울대학교 중앙도서관

　ソウル大学校中央図書館は、韓国内の大学図書館のうち、最多の蔵書を備えた図書館である。470万冊以上の単行本、10万種類にものぼる学術誌と電子ジャーナル、そして20万冊以上の非図書資料を所蔵している。1946年ソウル大学校の開校とともにソウル大学校付属図書館として発足し、1992年にソウル大学校中央図書館へと名称を変更した。現在は本館・冠廷館と8つの分館で構成されている。本館は資料中心のサービス空間、冠廷館は最先端施設を備えた空間となっており、利用者の多様なニーズに対応できるよう工夫されている。また、分館は各学部の名称を冠しており、蔵書も各学部の専門分野に関する書籍が中心となっている。ソウル大学校中央図書館の沿革を記すと下記の通りである。

- 1946年：ソウル大学校開校とともにソウル大学校付属図書館として発足。同年、医科大学図書館(後の医学図書館)、歯医学図書室(後の歯医学図書館)、農科大学図書館(後の農学図書館)、法科大学図書室(後の法学図書館)も発足。
- 1951年：朝鮮戦争によって釜山へ避難。80坪程度の臨時図書館を開館。
- 1953年：ソウルへ戻り開館。
- 1975年：ソウル大学校図書館へ改称。ソウル大学校総合化計画によって冠岳キャンパスへ移転。
- 1992年：ソウル大学校中央図書館へと改称。
- 1993年：経営学図書館を新設。
- 1995年：社会科学図書館を新設。
- 2006年：国際学図書館を新設。
- 2015年：冠廷館開館。獣医学図書館を設置。

● ……………… **本館の所蔵資料**

　本館には単行本資料室、参考資料室、逐次刊行物室、古文献資料室の4つの資料

ソウル大学校中央図書館本館

冠廷館

室がある。それぞれの資料室の場所と所蔵資料は下記の通りである。

単行本資料室(3階・4階)はテーマ別に分かれた7つの資料室からなり、約104万冊の図書と新聞資料、国内外の学位論文を所蔵している。参考資料室(2階)は、指定図書、事典類、年鑑、統計などの参考資料、地図、楽譜などを所蔵している。逐次刊行物室(2階)は、国内外の学術雑誌、時事・教養雑誌、企業の広報用の資料などを所蔵している。古文献資料室(4階)は、1945年以前に発刊された寄贈図書、古書などを所蔵している。

◉·················· **冠廷館の所蔵資料**

冠廷館には、冠廷館マルチメディアプラザ、冠廷館7A閲覧室所蔵資料、冠廷館8A閲覧室所蔵資料の3つの資料室がある。それぞれの資料室の所蔵資料は下記の通りである。

冠廷館マルチメディアプラザは映像および音楽資料などのマルチメディア資料を所蔵している。冠廷館7A閲覧室所蔵資料は、人気図書や教養図書、学内で出版された図書などをテーマ別に所蔵している。冠廷館8A閲覧室所蔵資料は、基礎学問基盤育成のために学部課程に必要な教養と、多様な学問分野の基礎教養教育資料などを所蔵している。

分館の蔵書量

分館名	蔵書量	
	単行本（冊数）	学術雑誌（種類）
社会科学図書館	約91,000	157
経営学図書館	約62,000	168
農学図書館	約160,000	約200
法学図書館	約157,000	465
医学図書館	約210,000	約15,000 （電子ジャーナル・ データベース・電子書籍）
歯医学図書館	約30,000	398
国際学図書館	約56,000	230
獣医学図書館	約17,300	479（電子ジャーナルも含む）

分館について

　分館とは各学部名を冠し、学部に特化した専門書を中心に扱っている8つの図書館をいう。まずソウル大学校開校当時から続く、農学図書館、法学図書館、医学図書館、歯医学図書館がある。これらは分館の総蔵書の大半を占めている。特に、医学図書館は、韓国の医学研究の拠点となっており、ここから韓国国内の医療・保健専門家に対して医学情報検索サービスを行っている。次に90年代以降に開館したものに、社会科学図書館、経営学図書館、国際学図書館、獣医学図書館がある。

　分館の特徴は、寄付により設立された図書館が多いことである。社会科学図書館は、エスクァイア(製靴会社)の名誉会長であった李寅杓(1922～2002年)、経営学図書館は、産業銀行の総裁などを歴任した李鈺奭(1914～2000年)、法学図書館は、国会議員を務めソウルオリンピックの開催も手がけた金澤壽(1926～1983年)が、各々設立に尽力している。ほかにも獣医学図書館は、韓国製粉株式会社の支援を得て、ANF電子図書館として発足している。

　このように個人・企業の寄付や支援によって設立されたため、図書館名に支援者の雅号を残すものもある。経営学図書館では、李鈺奭の雅号である丹菴にちなんで

「丹菴経営学図書館」を正式名称としている。法学図書館も金澤壽の雅号菊山を採用しており、正式名称は「菊山法学図書館」である。

　近年も個人の支援は続いている。2009年には、SBS名誉会長である尹世榮の後援で瑞巖法学館が建てられ菊山法学図書館と連結し、図書館がリニューアルした。このように個人の支援による図書館の設立・拡充が行われている背景には、卒業生と学部との強いつながりがある。実際、上記支援者のすべてが各々分館に冠された学部に所属していた。社会に出て成功した彼らは、自分の学び舎であった学部の図書館を支援したのである。韓国社会では政界・財界に占めるソウル大学出身者の割合がとても多いといわれているので、今後も同窓生による分館への支援を通じて、それぞれの専門分野に特化した図書館が一層充実していくものと思われる。

[小宮秀陵]

●参考・引用資料
　ソウル大学校中央図書館『서울대학교 중앙도서관 안내』（ガイド資料）
　ソウル大学校中央図書館図書館紹介HP　http://library.snu.ac.kr/libraries

インフォメーション

Webサイト	http://library.snu.ac.kr/（韓国語） http://library.snu.ac.kr/?language=en（英語）
住　　所	1 Gwanak-ro, Gwanak-gu, Seoul 08826, Korea
電　　話	(+82)2-880-8001 / 5325
E - mail	libhelp@snu.ac.kr
開館日時	
本館	月〜金［9:00〜21:00］ 土・公休日［9:00〜17:00］ 日［13:00〜17:00］ ※閲覧室によって開館時間は異なる。
入館・閲覧に必要なもの	一般の方は本館の2階入り口でパスポートなど、身分証を提示すると、一日入館証を発給してもらえる。ただし、学内のデータベース（情報検索室）は利用できない。また、一般の方は基本的に冠延館に入館できない。分館は各館によって対応が異なるため、一度問い合わせてから行くのがよい。

東南アジア

SOUTHEAST ASIA

ベトナム国家図書館
National Library of Vietnam
Thư viện Quốc gia Việt Nam

国家図書館入口

ベトナム国家図書館は、ハノイ中心部のホアンキエム区にあるベトナム国内最大級の公共図書館である。ここでは、筆者が研究のため足繁く通ったこの図書館について、公にされている情報だけでは分からない利用上の注意も含めて紹介したい。

●‥‥‥‥‥図書館の歴史と名称の変遷

　仏領インドシナ期の1917年に、仏領インドシナにおけるフランス統治の強化、フランス文化や西洋文化の伝播、フランスの所蔵資料や図書館事業の導入を目的とした図書館設立計画が承認され、1919年に「インドシナ中央図書館(Thư Viện trung ương Đông Dương)」という名称で開館した。その後、1935年にかつての仏領インドシナ総督の名前を取り、「ピエール・パスキエ図書館(Thư viện Pierre Pasquier)」と改名した。1945年のベトナム八月革命以降は、「全国図書館(Thư viện toàn quốc)」となり、所属機関も再編成されたが、1947年にフランスに再占領されると、再び元のように戻され、名称は「在ハノイ中央図書館(Thư viện Trung ương ở Hà Nội)」となった。しかし、1953年には仏越協議に基づき再編成され、「ハノイ総合図書館(Tổng Thư viện Hà Nội)」に改名した。1954年にはベトナム民主共和国がハノイを奪還し、「ハノイ中央図書館(Thư viện Trung ương Hà Nội)」となり、1958年に現在の名称となった。

●·············図書館の構造と利用上の注意

　まず、チャンティ(Tràng Thi)通りに面する門周辺について。かつては門の詰所で荷物を預ける必要があったが、荷物用ロッカーが館内の各フロアに設置されたため、その必要はなくなった。初めての利用の際は、門を入って左側の建物で利用カードを作成しなければならない。カードを作りたい旨を伝え、職員に渡される用紙に記入し、パスポートと料金12万ドンを提示すると、すぐにその場でカードに載せる写真の撮影が行われる。そして、10分ほど待つとカードが発給される。ただし、同じようにカードを作りたい人が多い場合は時間がかかる。また、バイクや自転車で来た場合は、門を入って左側の駐輪場に止めることができる。適当な場所に駐輪した後に、係員に駐輪券をもらい、帰宅時にその券とともに料金3,000ドンを支払う。

　次に建物内部について。建物内部に入ると、まず広々とした吹き抜けのエントランスがある。ここでは、よく様々な書籍の展示などが行われている。また、入って左側にはパソコンが並んでおり、当図書館のOPACを用いて蔵書を検索できる。このエントランスの角にある受付で、閉架資料や雑誌の請求用紙を購入でき(8枚1,000ドン)、パソコン近くに置いてある案内に従って記入する。エントランスを抜け、更に奥に進むと階段が現れる。ここからは各階ごとに施設の紹介をする。

　1階は事務室が並んでいる。建物には右側・中央・左側の3箇所に階段があるが、中央と左側の階段は3階までであり、4階5階を利用する場合は右側の階段を登る。2階以上の各階には、荷物

エントランス

ベトナム国家図書館──── 65

請求用紙（phiếu yêu cầu）

OPAC用パソコンの近くにある請求用紙の記入案内

を保管できるロッカーが置かれている。それぞれの部屋に入り、図書館カードを受付に預けると、職員からロッカーの鍵を渡され、荷物を預けるよう言われる。筆記用具、飲料、パソコン、コピー本は持ち込めるが、市販の書籍は持ち込みを遠慮するよう言われる場合もあるので、注意が必要である。

2階は大きく2つの部屋に分かれる。チャンティ通り側がコンピュータルーム、ハイバーチュン（Hai Bà Trưng）通り側が自習室である。コンピュータルームでは、有料でコンピュータが利用できる。また、有料のWi-Fiもあり（Wi-Fiは1日5,000ドン）、パソコンを持ち込んで利用できるスペースもある。自習室には、自習用の机やグループ学習スペース、視聴覚室に加え、無料で使えるコンピュータやタブレットが置かれている。また、フリーWi-Fiも備わっているが、コンピュータルームの有料Wi-Fiと比べると弱く、繋がりにくいときもある。

3階は大きく2つの部屋に分かれる。チャンティ通り側が研究者・ビジネスマン用読書室、ハイバーチュン通り側が新聞雑誌閲覧室である。研究者・ビジネスマン用読書室は普通のカードでは入ることができず、カードを作る際にプラス54万ドン支払うと発給されるゴールドカードでないと入れない。新聞雑誌閲覧室では、壁沿いに並ぶ本棚に各新聞や雑誌（学術雑誌を含む）が陳列されており、近年のもので

あれば、自由に手にとって閲覧できる。また、本棚にない過去のバックナンバーについては、閲覧したい閉架図書の情報を記入した用紙と利用カードを受付に渡し、約30分待てば、閲覧できる。

4階は閉架図書とベトナム語開架図書の閲覧室である。閲覧

1階中央の階段付近

用の机がたくさんあるため、単に自習している中高生や大学生も多く見かける。棚に並んでいる書籍は自由に閲覧できるが、館外貸出のサービスはない。また、閉架図書(博士論文を含む)については、3階と同様、閲覧したい閉架図書の情報を記入した用紙と利用カードを受付に渡し、約30分待てば、閲覧できる。

5階は外国語の開架図書の閲覧室である。英語を始め、フランス語・ロシア語・中国語・日本語・韓国語など様々な外国語の書籍が並んでいる。

◉……………………コピーサービス

2階に小さなコピー室が併設されており、有料でコピーを依頼することができる。料金については、特に掲示されていない。表紙については、何も言わないと画用紙＋透明カバーという値段が高い仕様にされるため、不要な場合は注文する際にはっきりその旨を伝えたほうがよい。また、支払い方法については、書籍を1冊すべてコピーする場合は、初めに1冊あたり10万ドンほど請求され、受け取り時に実際の料金に応じて、追加支払いを求められたり、返金されたりする。なお、自分でコピーすることはできない。

依頼の方法について、3階の図書の場合は、3階の職員にコピーしたい旨を伝え、自分で直接2階のコピー室まで図書を持っていき依頼する。4階5階の図書の場合は、図書を4階5階のカウンターに預け、2階のコピー室にその旨を伝えれば、その後に2階のコピー室の職員が4階5階まで図書を取りに来て、コピーをしてくれる。所要時間については、午前に依頼すると、その日の午後〜夜には終わることが

多く、午後や夜に依頼すると翌日以降までかかることが多い。しかし、他の利用者の印刷の依頼状況などにより指定された引き取り時間よりも遅れることも多く、余裕を持って依頼したほうがよい。

◉……………………**その他の利用環境**

地下1階の喫茶店チュングエン・レジェンド

2階の自習室、3階の新聞雑誌閲覧室、4階の閲覧室はハイバーチュン通りに面しているため、車両のクラクションがひっきりなしに聞こえる。また、ハイバーチュン通りを挟んだ向かい側には音響設備の販売店が並んでおり、夕方頃になると大音量で音楽を流すことがあるが、職員や他の利用者のベトナム人は特に対策はしてくれないので、我慢するしかない。各部屋は冷房完備だが、夏しか使わず、春や秋など日本人としては暑く感じる時期でも、ベトナム人の職員が暑くないと判断した場合、冷房は使用せず、窓を開けるため、水分補給には気をつけたい（筆者の経験では、30℃台前半だと冷房を入れない場合が多い）。また、給水機が設置されている階もある。建物1階には地下へつながる螺旋階段があり、地下で営業している喫茶店チュングエン・レジェンド(Trung Nguyên Legend)へ行くことができる。この店舗は高級志向のためインテリアがとても豪華で、メニューの値段も他の店舗と比べ高めであるが、ランチメニューもあり、図書館にこもって研究する際に昼食を取ることのできる場所としては、図書館から最も近い店である。また、フリーWi-Fiも備わっている。

[佐藤章太]

ホーチミン廟（澁谷由紀撮影）

インフォメーション

Web サイト	http://nlv.gov.vn（ベトナム語） http://nlv.gov.vn/ef/fr/（フランス語） http://nlv.gov.vn/ef/（英語） http://opac.nlv.gov.vn/pages/opac/wpid-home.html（OPAC）
住　　所	Số 31 Tràng Thi, Hoàn Kiếm, Hà Nội, Việt Nam
電　　話	(+84)4-38255397
E - m a i l	info@nlv.gov.vn
開 館 日 時	[8:00 〜 20:00] ベトナムの祝日（元旦、陰暦正月、雄王命日、南部解放日、メーデー、国慶節）を除く。閉館時間について、ウェブサイト上には20時までと記載されているが、実際はそれよりも早く、19時半頃には追い出されることが多い。
ア ク セ ス	図書館にはバイク・電気自転車・自転車用の駐輪場があるため、各種二輪車で来館できる。また、中心部にあるため、図書館周囲の道にはタクシーもたくさん流れている。2018年10月現在、以下のバス停が近くにある。 ・6 Tràng thi - Vườn hoa Nhà Chung（路線：02, 09, 45番の西行き、住所：6 Tràng Thi（図書館の門を出て、Tràng Thi通りの向かい側）） ・Bệnh viện Phụ sản Trung ương（路線：01, 36番の南行き、住所：4 Triệu Quốc Đạt） ・Bệnh viện Hữu nghị Việt Nam - Cuba（路線：02, 34, 36, 40番、住所：37 Hai Bà Trưng（東行き）、48 Hai Bà Trưng（西行き）） ・24 Bà Triệu（路線：09, 31番の南行き、住所：24 Bà Triệu） ・44 Lý Thường Kiệt（路線：49番の西行き、住所：44 Lý Thường Kiệt） ・Khách sạn Melia - Lý Thường Kiệt（路線：86番の西行き、住所：44 Lý Thường Kiệt） ・59 Lý Thường Kiệt - Khách sạn Melia（路線：34, 49, 86番の東行き、住所：59 Lý Thường Kiệt）
入館・閲覧に必要なもの	パスポート、図書館カード費用12万ドン

ベトナム国立社会科学図書館
Social Sciences Library – Vietnam Academy of Social Sciences
Thư viện Khoa học xã hội – Viện Hàn lâm Khoa học xã hội Việt Nam

社会科学図書館全景

　ベトナム国立社会科学図書館(ベトナム社会科学アカデミー・社会科学図書館)は、ハノイのバーディン(Ba Đình)区にあり、日本大使館やロッテセンターハノイの近くにある人文社会科学系の公共図書館である。ここでは、筆者が研究のために通ったこの図書館について、利用者目線で紹介する。なお、設立の経緯、コレクション、国際関係と発展の方向性などの公式情報については、ベトナム社会科学通信院グエン・ヴァン・ティン(Nguyễn Văn Thịnh)氏による日本語のウェブサイト記事「ベトナム国立社会科学図書館」(http://u-parl.lib.u-tokyo.ac.jp/archives/japanese/world-library34)を参照されたい。

◉……………図書館の構造と利用上の注意

　まず、リウザイ(Liễu Giai)通りに面する門周辺について。図書館は門を入って右側に見える青いガラス張りの建物に入っている。まずは門の近くにある守衛室の係員に図書館利用の旨を伝える。場合によっては身分証明書の提示を求められることもある。バイクや自転車で来館した場合は、係員の前で一度降り、係員に駐輪券をもらってから、適当な場所に駐輪する。券は保管し、帰宅時に係員に渡す。なお、駐輪料金は無料である。

　次に建物内部について。建物内部に入ると、広々としたエントランスがあるが、各階の案内や受付などは一切ない。エントランスを抜け、奥にあるエレベーターで図書館がある4階へ上がる。

　4階でエレベーターを降りてすぐ、入口が見える。まず、カウンターの職員に、

カードを作成したい旨を伝えると、カード発行のための部屋へ通される。そこで職員に渡される用紙に情報を記入し、ベトナムの教育機関の学生証やパスポートなどの身分証明書、紹介状、カード作成費用10万ドン（2018年12月時点）とともに渡すと、その場でカードに載せる写真の撮影が行われる。カードの発行には少々時間がかかるため、一旦受付に戻り、職員から館内やOPACの利用方法などについて説明を受ける。カードは帰宅時までには受け取れることが多い。図書館を利用する際には、受付でロッカーの鍵を借り、入り口横にあるロッカーに預ける（パソコン、飲料水、コピー資料などは持込可）。

4階図書室入口

資料貸出用紙（phiếu mượn tài liệu）

　4階の図書室奥側にはたくさんの書架が並んでおり、職員に申し出れば自由に見て回れる。しかし、開架ではないため、勝手に閲覧席まで持ち出すことはできない。実際に閲覧席で読みたい場合は、次のような手続きをする必要がある。

　まず、カウンターで専用の資料貸出用紙を購入する。そして、閲覧室内のOPAC用コンピューターで請求記号を調べ、図書館カードの番号、書名、日時、サインなどの情報と共に用紙の左右両側に記入し、カウンターに提出する。ここでは、請求があった度に職員が取りに行ってくれるため、自分で探す手間なく、5～10分程度待つだけで簡単に図書を手に取ることができる。閲覧は図書室内のみで、貸し出しは行っていない。一度に最大5冊閲覧することができる。

◉……………コピーサービス

　コピーの依頼はカウンターで行う。適当な紙にコピーを依頼するページ数や雑誌の年、巻号を詳しく書き（もしくは該当ページにしおりのように挟み込み）、職員に提出すると、引き取りの目安日を教えてくれる。実際には、引き取りの目安日よりも遅れることがあるため、余裕を持って依頼した方がよい。料金については、通常の書籍は1ページ500ドン、雑誌類は1ページ700ドンが目安であり、古い図書の場合はさらに高くなる（2016年7月時点）。料金は、引き取り時にカウンターで支払う。なお、自分でコピーすることはできない。

◉……………その他の利用環境

　当図書館はガラス張りのビルの内部にあるため、車両のクラクションなどの騒音はほとんど聞こえない。また、利用者は多くなく、大半は研究者や大学院生であるため、館内は静かである。また、冷房完備であり、廊下には冷温水器が設置されており、長時間の利用でも快適に過ごすことができる。また、職員の方々は外国人研究者の来館に比較的慣れているためか、懇切丁寧に対応してくださる。［佐藤章太］

インフォメーション

Webサイト	http://opac.issi.vass.gov.vn（ベトナム語） http://opac.issi.vass.gov.vn/*eng（英語）
Facebookページ	https://www.facebook.com/ThuvienKHXH （ウェブサイトは数年前より更新が止まっている部分があるため、最新の情報や活動についてはFacebookページを参照）
住　　所	1B Liễu Giai, Ba Đình, Hà Nội, Việt Nam
電　　話	(+84)4-62730426
E-mail	thuvien.issi@gmail.com
開館日時	月〜土［8:00〜12:00］［13:30〜16:30］ 金［8:00〜12:00］
アクセス	図書館にはバイク・電気自転車・自転車用の駐輪場があるため、各種二輪車で来館できる。また、大通りに面しており、図書館周囲の道にはタクシーもたくさん流れている。2018年10月現在、以下のバス停が近くにある。 ・Viện Hàn lâm Khoa học Xã hội Việt Nam（路線：09, 90番の北行き、図書館入口前のバス停） ・22 Liễu Giai（路線：09, 90番の南行き、図書館を出てLiễuGiai通りの向かい側）
入館・閲覧に必要なもの	ベトナムの学生証やパスポートなどの身分証明書、紹介状、図書館カード費用10万ドン

漢喃研究院図書館
The Library of the Institute of Han Nom Studies
Thư viện Viện Nghiên cứu Hán Nôm

　ベトナムはハノイに位置する漢喃研究院図書館は、漢字文献と喃字文献を専門に所蔵する図書館である。図書目録は、台湾から出版されており、『越南漢喃文献目録提要』(中央研究院中国文哲研究所・2002～2004年)によってその全容を知ることができる。また、この目録は、ウェブサイト上でも検索が可能(http://140.109.24.171/hannan/)である。

　中国・日本・朝鮮を一括りにして漢字文化圏と称することがあるが、ベトナムもかつて文字に漢字を使用しており、漢字文化圏に属する。そのベトナムの漢字文化を研究する上で、漢喃研究院図書館のコレクションは極めて重要な意義を有する。また中国から将来された文献も含まれるため、中国を研究する者にとっても重要である。

　『越南漢文燕行文献集成』(復旦大学出版社・2010年)などによって、漢喃研究院図書館所蔵文献の一部が影印出版されている。しかし、影印されたのは、コレクションのほんの一部に過ぎず、その他多くのベトナムあるいは中国の歴史・思想・文学を考察する上で貴重な文献の数々は、やはり漢喃研究院図書館に直接赴かないと、見ることができない。

漢喃研究院外観

● 利用方法

　研究院内にある図書館なので、一般に公開された公共図書館とは性質が異なる。図書の閲覧には、大学のしかるべき長からの紹介

漢喃研究院入口

状を携帯して行き、漢喃研究院長の裁可を得る必要がある。研究院長がなかなかつかまらない場合もあり得る。内部に紹介者がいた方が、スムーズにことが運ぶだろう。

請求カードに必要事項を記入して出納係に手渡すと、原本を複写し製本したものを持ってきてくれる。原本の閲覧は基本的にできない。複写は可能だが、受け取るまでに一週間ほどを要する。自身での複写や、写真撮影はできない。複写費は1ページ5,000ドン。

● ・・・・・・・・・・・・・・・・・・・・・・そ の 他

ちなみに、同じくハノイにあるベトナム国家図書館は、パスポートさえあれば問題なく入れるが、漢字文献・喃字文献の量では、やはり漢喃研究院図書館に遠く及ばない。なお、ベトナム国家図書館所蔵の漢喃文献は、その一部をウェブサイト上で閲覧できる（http://lib.nomfoundation.org/）。

［平塚順良］

インフォメーション

Webサイト	http://www.hannom.org.vn/（ベトナム語）
住　　　　所	183 Đặng Tiến Đông, Đống Đa, Hà Nội, Vietnam
電　　　　話	（+84）4-38573194
Ｆ　ａ　ｘ	（+84）4-38570940
Ｅ-mail	hannom105@vnn.vn
開 館 日 時	平日の午前・午後
入館・閲覧に必要なもの	大学が発行する紹介状

ベトナム国立第三公文書館
The National Archives Center No. 3
Trung tâm Lưu trữ quốc gia III

　ベトナム国立公文書館は4館から構成されており、15世紀初頭から現代に至るまでの資料が、時代・地理区分に応じて以下のとおり保存されている。

【第一公文書館】北部ハノイに所在。主として封建時代から1945年までの資料(阮朝資料、フランス植民地期のインドシナ総督府資料、トンキン理事長官府資料等)を所蔵。

【第二公文書館】南部ホーチミンに所在。主として南部の資料(南部漢喃資料、フランス植民地期のコーチシナ副総督府資料、1946～1954年の親仏政権資料、ベトナム共和国政権資料、南ベトナム臨時革命政府の中央機関資料及び1975年以前の革命政府に属するその他の中央機関資料、統一後のドンナイ省以南の中央機関資料等)を所蔵。

【第三公文書館】北部ハノイに所在。主として1945年以降の北部の資料(ベトナム民主共和国中央機関資料、統一後のクアンビン省以北の中央機関資料、各レベルの行政区分資料等)を所蔵。

【第四公文書館】中部高原ダラットに所在。涼しい気候を活かして、阮朝期の木版資料、阮朝硃本等の貴重な資料を保存している他、中部の資料(フランス植民地期アンナン理事長官府資料、1946～1954年の親仏政権資料、1954～1975年のベトナム共和国政権のクアンチ省からビントゥアン省まで及び中部高原地帯の資料、統一後のクアンチ省からビントゥアン省まで及び中部高原地帯の中央機関資料)を所蔵。

　今回は、その中から、第三公文書館の利用方法を紹介する。

◉············利用方法

　ウェブサイト上でコレクションガイドが公開されている。ガイドはベトナム語・フランス語・英語の3カ国語で構成されており、事前に資料概要を把握することができる(https://dms.luutru.gov.vn/files/ecm/source_files/2017/07/03/guide-des-archives-centre-3-115724-030717-26.pdf)。

　入館する際は、敷地入口でパスポート等の身分証明書を提示する。読者カード

発行後はカードを提示。読者カードの作成には、所属機関またはベトナムにおける受入機関からの紹介状（氏名・所属・利用目的・研究テーマ・利用期間を明記）が必要。カード発行料は5万ドン、発行日から1年間有効。

　資料の検索には紙媒体の目録による検索と資料検索ソフトウェアによる検索という次の二つの方法がある。紙媒体の目録による検索の場合、関心のあるコレクションが定まっていれば、係員に頼んで書架から紙媒体の目録を出してもらう。目録はコレクション毎に分野別かつ概ね時系列順に整理されており読みやすい。資料検索ソフトウェアによる検索の場合、目録の電子化が進んでいるため、館内のPCからのみ利用できる資料検索ソフトウェアでキーワード検索できる。全ての目録が電子化されているわけではないものの、コレクションを横断的に検索でき便利である。

　ソフトウェアにログインするためには、ユーザーIDとパスワードが必要。IDとパスワードは即日発行可能。ログイン後は、システム上で資料利用登録書を提出しなければならない。氏名、生年月日、所属、国籍、パスポート番号、電話番号、ベトナムにおける住所、資料利用の目的（論文執筆等）、研究テーマ、利用期間を登録し、承認されるまで1日程度。その間、資料の閲覧申請はできないが、検索をすることはできる。検索は、資料検索ページから行う。キーワード入力の際はベトナム語の声調記号を正確に入力しなければならない。資料の種類、作成年代等の条件を設定する詳細検索も可能である。

　検索結果には、コレクション、目録番号、資料の種類、小題、資料番号、デジタル化済みか否か、使用中か否かが表示される。画面右端のインフォメーションボタンを押すと、資料に含まれる文書の期間（開始年月日と終了年月日）及び枚数も確認できる。閲覧したい資料は、アーカイブボタンで保存しておくと、後で閲覧申請書を作成する際に便利。

　閲覧の申請については、紙媒体の目録で見つけた資料も、ソフトウェアで検索した資料も、ソフトウェアから行うことが推奨されている。ただし、2018年12月時点では、従来の手書き申請書も受け付けていた。手続きの電子化が今後どれほど厳格に実施されるのかは分からない。

　閲覧申請書はコレクションごとに作成する。審査中の申請書は「処理中」のステー

タスに移行する。内容に不備があると「差し戻し」され、審査が完了すると「承認済み」のステータスになる。審査に必要な期間は資料によって異なるものの、早ければ翌日には完了する。「承認済み」となった申請書を開くと、資料ごとに「閲覧」「移行中」「不許可」のどれかが表示されている。「閲覧」と表示されている資料は、デジタル化済みのものは画面上で、紙媒体のものは閲覧室のデスクで読むことができる。資料の閲覧期間は21日間と定められている。「不許可」と表示されている場合は、「不許可」マークにマウスカーソルを合わせることで、審査の過程を知ることができる。ある「不許可」資料の場合、審査は3人体制で行われており、1人目が閲覧許可を出した後に2人目が要再確認との判断をし、最終的に閲覧不許可とされた経緯がシステム上に残されていた。また、そもそも利用が制限されている資料には「不許可」マークに加えて「利用制限」マークが表示される。

閲覧室内は、写真撮影は禁止だが、筆写は可能である。パソコンの持ち込みも可能で、数は限られるが閲覧室内に電源もある。複写の料金は、デジタル化資料のプリントアウトが1枚あたり白黒2,000ドン、カラー15,000ドン。紙資料のコピーが1枚あたり白黒3,000ドン、カラー20,000ドン。特別な場合を除き、複写データの提供は行っていない。複写申請書も閲覧申請書同様システム上で作成する。資料ごとに複写申請書を分ける必要がある。また、個別の文書ごとに内容の簡単な要約を記入することが求められる。

◉……………所蔵資料

　第三公文書館の主な所蔵資料は次のとおりである。詳細は先述のコレクションガイド参照。

【行政資料】5,000メートル分以上の国家中央機関等の行政文書が機関ごとに246のコレクションに分類されている。国会コレクションには、1946年1月の第一期国会総選挙資料、第一期からの国会議事録、国会常務委員会記録や1975年に南北統一を議論した政治協商会議の記録等が残されている。また、首相府コレクションは、政府内の会議議事録や報告書、内政、軍事、外交、国際協力、文化・教育・医療、計画・統計等、1945〜1985年までのあらゆる分野の文書を含んでいる。

【科学技術資料】ホーチミン廟等、国家的意義のある建設プロジェクトに関する資

第三公文書館外観

料。32のプロジェクトに関し、1,000メートル分近い資料が保存されている。
【視聴覚記録】約500のフィルムに記録された約96のドキュメンタリー映画(そのうち20は海外製);外交活動等に関する約10万葉の写真、5万2,000点のネガ、258点のフィルム;歴史的映像や芸術パフォーマンス等が約3,000時間記録された4,000点以上の音声テープ、約300点のビデオテープ。
【個人資料】戦争に参加した個人や、著名な芸術家や科学者等の私文書、作品等。

● ……………………食事処

　ファンケービン通りには、カニみそ麺(Bún riêu cua)等美味しいローカルフードの店があり、食事には困らない。とくに、35番の小路(Ngõ 35)には、ハノイ名物ブンチャー(Bún chả)、南部風つけ麺(Bún bò Nam Bộ)などの人気店がある。平均価格は4万ドン程度。お昼時になると人が集まり出すので、簡単に見つけられるはずだ。また、ファンケービン通りと交差しているリンラン通りや、一本北のキムマートゥオン通りには日本料理店が集まっている。

[富塚あや子]

● 参考文献等

米川恒夫. 2007.「ベトナムの公文書館制度について」『アーカイブズ』26: 57-72

ベトナム国立第三公文書館コレクションガイド
https://dms.luutru.gov.vn/files/ecm/source_files/2017/07/03/guide-des-archives-centre-3-115724-030717-26.pdf(2018年12月10日閲覧)

ベトナム国家文書アーカイブズ局ウェブサイト「国立第三公文書館」
https://luutru.gov.vn/co-cau-to-chuc/trung-tam-luu-tru-quoc-gia-iii.htm(2018年12月10日閲覧)

ベトナム国立第三公文書館ウェブサイト
http://luutruquocgia3.org.vn/(2018年12月10日閲覧)

ハノイの旧市街(澁谷由紀撮影)

インフォメーション	
Webサイト	http://luutruquocgia3.org.vn/ (ベトナム語)
住　　　所	34 Phan Kế Bính, phường Cống Vị, Ba Đình, Hà Nội
電　　　話	(+84)24-38326291
開館日時	月〜木［8:00〜11:30］［13:30〜16:30］ 金［8:00〜11:30］ 土・日・祝［休］
アクセス	第三公文書館が位置するファンケービン通りは、日本大使館、日系企業、日本料理店等が多いハノイ市キムマー地区近く。日本大使館から徒歩5分。観光の拠点となるホアンキエム湖周辺からは、車で20分ほどの距離にある。バスの場合は、9番または90番のバスを利用、日本大使館前で降車。
入館・閲覧に必要なもの	敷地入口でパスポートなどの身分証明書を提示する。読者登録には紹介状が必要。登録後は、読者カードを提示して入館する。

カンボジア公文書館
The National Archives of Cambodia
បណ្ណសារដ្ឋានជាតិ

　カンボジアは1975年から1979年のポル・ポト時代(民主カンプチア時代)に図書館、公文書館が本来の用途とは異なって武器庫や家畜小屋として使用されたことや、その後の混乱の時期に多くの公文書が散逸したと言われている。過去の限りある公文書資料を管理し、研究者らへ広く公開している機関が、今回紹介するカンボジア公文書館(バンナーサラターン・チアット)である。

　カンボジア公文書館は、カンボジア王国の王都プノンペンの北部に位置しており、近隣には国立図書館(バンナーライ・チアット)、情報省、ラッフルズホテル、ワット・プノムがある。もともとはフランスがカンボジアを保護国化した1863年に設立された。ポル・ポト時代を経て、1980年に再開された。1990年代にはオーストラリアやスイスの支援で一般利用に向けた整備が進められた。

　フランス植民地時代の建造物が現在でも利用されており、クラシカルな雰囲気が漂う。入り口から入ってすぐの場所に閲覧スペースがあり、各国の研究者と机を並べて、資料を見ることできる。

● ························**利用方法**

　利用方法はいたって簡単である。公文書館へ行き、入り口に荷物置き場があるため、そこに鞄などを置く。カンボジアの他の図書館では荷物を管理する担当者がいるが、公文書館にはいないため、貴重品の管理は厳重にしたい。その場で利用登録(氏名、所属、調査目的などを明記)し、利用料(1か月15米ドル)を支払うだけで誰でも利用できる。すべての資料が閉架管理されているため、閲覧スペースに設置されているパソコン又は冊子から閲覧したい資料のボックス番号と資料名を探し、それを記した用紙を館員に渡すと、資料を持ってきてくれる。資料検索ができるパソコンは1台しかないため、他の人が使用している場合は待つ必要がある。それらの資料の中で、印刷を要する場合は、原則公文書館内の受付に資料と該当箇所を書いた紙

公文書館外観(2011年8月筆者撮影。手前は鉢植え専門花屋であったが、現在は閉店し、駐車場である。)

を提出する。コピーは1枚当たり200リエルで、混雑状況に応じて即日～1日くらいでコピーを受け取ることができる。代金は後払いである。お釣りがない場合が多いため、小額リエル札(カンボジアの紙幣)を多数用意しておいた方がよい。製本が脆くなっている資料のコピーについては、館員と要相談である。また、公文書館の館員はフランス語や英語に堪能であるため、クメール語話者でなくても容易に利用できる。

　館内で持ち込んだパソコンを利用することはできる。場所は限定されるが、電源をつなげることもできる。ただ、館内にエアコンはなく、扇風機と外から入ってくるそよ風のみであるため、パソコンも人間も暑い思いをするだろう。飲み物は閲覧室内で飲むことはできず、入り口近くの荷物置き場で飲む。

　開館時間は午前8時～11時半、午後1時～4時半である。資料閲覧の受付は午前の部は11時、午後の部は16時で締め切られる。

◉⋯⋯⋯⋯⋯**所蔵資料(コレクション)**

　公文書館で扱う資料は植民地時代から現代にかけてのコレクションが中心で、主として「カンボジア理事長官文書」、「新聞(フランス植民地時代～現代)」、「カンボジアの出版物」、「Charles Meyerの写真コレクション」、「公文書」という5つのコレクションで構成されている。

　このうち、「カンボジアの出版物」については、フランス植民地時代以降に発行さ

れた出版物が保管されている。各省庁で発行されたものから、民間出版社で印刷されたものまで幅広く取り扱っている。理事長官文書同様に分野ごとに分類されており、調査テーマに合わせて資料を探すことができる。

また「Charles Meyerの写真コレクション」は、フランス植民地時代が始まる19世紀半ばから、シハヌークによる統治全盛期である1960年代にかけて、カンボジアや諸外国で撮影された写真のコレクションである。地域、建築、芸術、儀式、王族、海外行幸、モニュメント、寺院などを分野別に閲覧することが可能である。写真コレクションはウェブサイト上でも見ることができる。

「公文書」コレクションについては、「公文書」とおおまかに分類されているが、その構成は、Bulletin Administratif du Cambodge(1902〜1945年)、Bulletin Administratif Français du Cambodge(1946〜1952年)、Bulletin Officiel de l'Indochina、Journal Officiel du Cambodge、Journal Officiel du Indochine、Reach Kech(クメール語で「官報」の意、1911年〜、随時更新)である。

他にも、ポル・ポト時代関連資料や、ノロドム・シハヌーク元国王が寄贈した映画フィルムのコレクションも揃えている。ただし本格的にこれらの資料を見たい場合、ポル・ポト時代に関しては、カンボジア文書センター(Documentation Center for Cambodia http://www.dccam.org/)、映像フィルムに関しては、ボパナ映像資料センター(Bophana Audiovisual Resource Center http://bophana.org/)へ訪問する方が良い。

近年、公文書館の敷地内に新しく書庫が作られ、コレクションの拡充が進んでいるようだ。これらのコレクションは、日本に居ながらもオンライン・カタログ(http://nac.gov.kh/?page_id=172)から探すことができる。日本である程度目星を付け、資料が収容されているボックス番号とタイトルを控えておくと、現地ですぐに資料へアクセスできる。

◉・・・・・・・・・・・・・・・・・・・・・・食事処・アクセスなど

調査の合間に周辺でお茶をという場合、リッチな気分に浸りたい時はラッフルズホテルの喫茶室が良い。ローカルな雰囲気を楽しみたい場合は、隣の国立図書館の敷地内にある屋外食堂でカンボジア・コーヒー(クメール語で「カフェ・トゥック・ドッホ・コー」、練乳入りコーヒー)がお薦めだ。他にも徒歩圏内にカフェがいくつかあり、

近年短くなった昼休みの時間を資料整理などに充てつつ過ごすには最適だ。

公文書館はラッフルズホテルの並びの国立図書館の裏にあり、そこに公文書館があることを知っているカンボジア人は実に少なく、ルモー(荷台付き三輪バイク)等で行く場合には、道案内をする必要があった。しかし近年は市バス等公共機関が整備されているため、公文書館近くまでバスで行くことも可能になった。ただし、必ずしも一定間隔でバスが来るわけではないので、急いでいる場合はオートリキシャやルモーを利用することをおすすめする。それらはスマートフォンのアプリから手配することが可能であり、公文書館の場所も地図上に表記されるため、道案内する必要もなくなった。

公文書館近くにある観光地ワット・プノム(2016年3月26日筆者撮影)

［新谷春乃］

インフォメーション

Webサイト	http://nac.gov.kh/（クメール語）
	http://nac.gov.kh/en/（英語）
	http://nac.gov.kh/fr/（フランス語）
住　　所	Street 61, Oknha Hing Pen, Near Wat Phnom, PO Box 1109, Phnom Penh, Cambodia
電　　話	(+855)23-430-582 / (+855)12-795-245
Ｆ ａ ｘ	(+855)23-430-582
E-mail	archives.cambodia@camnet.com.kh
開館日時	月〜金[8:00〜11:30][13:00〜16:30]（出納サービスは閉館時間の30分前まで） 土・日・祝［休］（資料整理で時々臨時休館になることもある）
入館・閲覧に必要なもの	特になし（来館時に登録する必要有）

王立プノンペン大学附属フン・セン図書館
The Hun Sen Library, Royal University of Phnom Penh
បណ្ណាល័យហ៊ុនសែន, សាកលវិទ្យាល័យភូមិន្ទភ្នំពេញ

　王立プノンペン大学附属フン・セン図書館は、1997年に開館したカンボジアの代表的な研究図書館のうちの1つであり、王立プノンペン大学(The Royal University of Phnom Penh)の第一キャンパスに位置する大学のメイン・ライブラリーである。フン・セン図書館の母体である王立プノンペン大学はカンボジアで最も大規模で古い総合大学であり、その起源はカンボジア王国時代の1960年に設置された王立クメール大学にさかのぼる。とはいえ、フン・セン図書館の設立年は1997年で、他の東南アジア諸国の主要な研究図書館に比べると新しい図書館であるし、所蔵資料もまた新しい資料が中心である。その背景にはカンボジアの歩んできた複雑な歴史がある。カンボジアでは1975年から1979年にかけて、クメール・ルージュ政権（いわゆるポル・ポト政権）がカンボジア国内の学校教育を停止し、大学も閉鎖したため、王立クメール大学の歴史と王立プノンペン大学の歴史の間には断絶があるからである。

　カンプチア人民共和国が1979年に成立した後、カンボジア国内の高等教育はしだいに再興し、1988年にはプノンペン大学が設立され、プノンペン大学は1996年に現在の名称である王立プノンペン大学に改称された。現在、王立プノンペン大学は理学、社会・人文科学、工学、開発学、教育学の各学部、外国語教育研究所、いくつかのセンター、および大学院から構成される総合大学となっている。王立プノンペン大学にはフン・セン図書館のほか、第二キャンパスに位置し社会科学系の資料を多く所蔵するA Lamberto Spina Library、各学部に附属する図書館がある。

　なお、フン・セン図書館はカンボジア王国の現首相フン・センの名前にちなんでおり、図書館のリーフレットやウェブサイトには、フン・セン首相が図書館の設立に深く関与したことが記されている。

●·············**利用方法**

　フン・セン図書館は入学附属図書館であるため、利用者として想定されているのは大学の学生・教職員である。しかしながら大学の構成員以外の人々にも幅広く教育の機会を提供するために、フン・セン図書館は一般開放されている。

　館内閲覧・館外貸出利用の手続きは利用登録のみで

新館正面玄関

ある。フン・セン図書館内で写真撮影を行い、利用者登録料を納付する。利用者登録料は王立プノンペン大学の学生・教職員に対しては1万2,000リエル（約329円）、外国人に対しては2万リエル（約549円）が課される。利用登録を行った者は、最大2冊・最長2週間、禁帯出資料以外の資料を貸出できる。原則として、外国人研究者が所属機関からの紹介状等を持参する必要はない。ただし、フン・セン図書館によると、あらかじめ図書館に対し、(1)利用人数 (2)利用日 (3)利用期間を明記のうえ、電子メールで問い合わせてほしいとのことである。電子メールのあて先はフン・セン図書館ウェブサイト（http://www.rupp.edu.kh/center/library/）記載のDirectorまたはDeputy Directorのアドレスである（電話番号も同様）。とはいえ、著者の経験（2018年6月時点）によれば、電子メール・電話ともに連絡はつかない。また、利用登録証の発行には数日から1週間を要する（2018年2月時点）。したがって、直接クメール語で正面玄関のスタッフと交渉可能な場合やプノンペンに長期滞在を予定している場合以外は、あらかじめカンボジア側の研究者や研究機関から紹介を受けたうえで訪問したほうがよい。王立プノンペン大学の学生を対象にしたリテラシーセミナーは毎年実施されており、フン・セン図書館は利用者教育に力を入れている。利用方法がわからなければスタッフに助けを求めてほしい。閲覧が終了した本は書架

に戻さず、返本台に置く。

● ・・・・・・・・・・・・・・・・・・・・・・ **目録**

まずオンライン蔵書目録(OPAC)について述べる。フン・セン図書館ウェブサイト(http://www.rupp.edu.kh/center/library/)から左側のE-Libraries(電子図書館)という項目に進むと、Web OPAC(http://119.82.251.164:8991/F)とE-Resource(http://119.82.251.165:8080/xmlui-home/)が掲載されている。また一方、フン・セン図書館

OPACコーナー

のパンフレットによれば、Chuon Nat(チュオン・ナート)と呼ばれるOPAC(http: // 119.82.251.162)が存在することになっている。Chuon Nat と上記のWeb OPACの相違点は明らかではない。フン・セン図書館によれば、遡及入力は完了しており、貸出はバーコードで管理されているため、利用者は目録カードを利用する意味はなく、OPACを利用してほしいということである。なお、現在も目録カードボックスは撤去されておらず、閲覧室に設置されているため、カード目録による検索は可能である。とはいえ、クメール語初学者にとってはカード目録のほうが主題による検索ができるという点でOPACよりも使いやすいかもしれない。

E-Resource にはフン・セン図書館教育資源センターのデジタルコレクション(The Hun Sen Library Education Resource Centre Digital Collection)が掲載されている。主題(Subjects)別の検索も可能であり、教育について調べたい利用者にとっては使いやすい。

● ・・・・・・・・・・・・・・・・・・・・ **所蔵資料**

図書館の主なコレクションは「帯出可能コレクション(Loan Collection)」、「禁帯出コレクション(Reserve Collection)」、「レファレンス・コレクション(Reference Collection)」、「カンボジア関係コレクション(Cambodiana Collection)」、「教育資料センター(Educational Resources Center (ERC))コレクション」、「定期刊行物コレクション」、「CD-DVDコレクション」、「アメリカ関係書架(American Shelf)」の8種に分類でき

る。これらのコレクションの内容と利用条件は下記の通りである。

「帯出可能コレクション」はDDC分類で配架されており、すべて貸出可能である。「禁帯出コレクション」は学生の利用度が高く、講義に関係する資料である。場合によっては短期貸出可能である。「レファレンス・コレクション」は百科事典、地図帳、辞書等であり、館内利用のみ可能である。「カンボジア関係コレクション」はカンボジアの文化・歴史に関する約3,500点の図書・文書のコレクションである。カンボジア人の著作による図書、カンボジア国内で出版された図書、カンボジアを主題にした図書のほか、ノロドム・シハヌーク前国王の演説(Speeches of King Norodom Sihanouk)、カンボジア官報『リアチ・ケチ』(*Reach Kech* / Journal officiel) 1911〜1972年、1993年国連カンボジア暫定統治機構選挙文書(1993 UNTAC election documents)、貝葉手稿(Palm Leaf Manuscripts)、大蔵経(Tripitaka)、カンボジア仏教研究所会誌『カンプチア・ソリヤー』(*Kampuchea Soriya Journal*)を含んでいる。「教育資料センターコレクション」はカンボジアの教育・政策企画・教育規定に関するコレクションである。紙媒体の資料とデジタル化資料の両方の資料がある。「定期刊行物コレクション」は館内閲覧のみ可能である。「アメリカ関係書架」は在カンボジア米国大使館の寄贈資料である。

書架

◉ **フロア**

フロアの配置からわかるように、コレクションのうちかなりの分量をカンボジア語(クメール語)以外の言語である「英語とその他の言語」が占めている。現地言語資料と外国言語資料の比率は冒頭に述べたようなカンボジアの複雑な歴史を反映している。今後、カンボジアの高等教育における英語の役割がどうなるのか、カンボ

キャレル

ジア国内における学術書の出版点数が増えるのかという要素によって、この比率は変化するかもしれない。新館2Fには広々したキャレルコーナーやセミナールームも整備されている。

旧館（1997年建設）
1階：受付、OPAC、開架コレクション、禁帯出コレクション、レファレンス・コレクション
2階：ITルーム、雑誌庫

新館（2011年建設）
1階：000-999（クメール語）
　　　000-449（英語とその他の言語）
　　　700-999（英語とその他の言語）
2階：雑誌コレクション
　　　500-699（英語とその他の言語）

● ……………… **カンボジア国内の他の主要な研究図書館**

　カンボジア国内にはフン・セン図書館のほかにも様々な研究図書館が存在する。詳細については、シェムリアップに本部を持つクメール研究センター(Center for Khmer Studies)のウェブサイトの「図書館と文書館(Libraries and Documentation Centers)」ページ(http://www.khmerstudies.org/useful-resources/libraries-and-documentation-centers)に、各機関の名称と所蔵資料の概要、開館時間、ウェブサイトの一覧が掲載

されている。なお、カンボジア国内で発行された書籍の検索については、クメール研究センターのOPAC (http://ckslibrary.khmerstudies.org:8080/newgenlibctxt/Home?Id=1) が使いやすい。原綴での検索も可能である。

[澁谷由紀・新谷春乃]

●参考文献等
宮島安世．1996．「カンボジアの図書館の現状」『カレントアウェアネス』202 (CA1069)．
Bywater, Margaret A. 1998. "Libraries in Cambodia: Rebuilding a Past and a Future". *IFLA Journal*. 24(4):223-227.
Jarvis, Helen and others. 2006. *Publishing in Cambodia: Revised and Updated Edition by Helen Jarvis, Christiane Lalonde, and Nhean Lakhena*. Phnom Penh: Center for Khmer Studies
http://www.rupp.edu.kh/center/library/（2018年11月7日閲覧）

謝辞：本稿の記述にあたっては、フン・セン図書館副館長チアム・カン氏 (Mr. Chhiem Kan) に情報をご教示いただいた。心から感謝申し上げる。

プノンペン市内の書店

インフォメーション	
Webサイト	http://www.rupp.edu.kh/center/library/（英語） https://www.facebook.com/HunSenLibrary（クメール語）
住　　　所	Russian Federation Boulevard, Toul Kork, Phnom Penh, Cambodia
電　　　話	(+855)12-619-696
開 館 日 時	月〜金［7:30〜17:00］ 土［8:00〜16:00］ 日・祝［休］
アクセス	プノンペン国際空港から市内中心部に向かう大通り沿いにあり、アクセスは容易である。
入館・閲覧に必要なもの	外国人研究者が利用する際に所属機関からの紹介状等は不要である。ただし事前に図書館に対し、(1) 利用人数 (2) 利用日 (3) 利用期間を明記のうえ、電子メールで照会することが推奨されている。
そ の 他	正面玄関横に荷物を預けるスペースがあるので、荷物を預け、引換券（ひも付きプレート）を受け取り入館する。荷物預けスペースには基本的に管理人がいるものの、厳格な管理をしているわけではないので、貴重品は持っていかない又は身に着けた方が無難である。

タイ国立図書館
National Library of Thailand
หอสมุดแห่งชาติ

タイ国立図書館外観

タイの首都バンコクのチャオプラヤー川東岸沿い、ドゥシット地区にある国立図書館の蔵書と利用方法について紹介したい。タイ国立図書館(ホーサムット・ヘン・チャート)は1905年にラーマ五世(チュラーロンコーン王、在位1868～1910年)が先王ラーマ四世(モンクット王、在位1851～1868年)の生誕100年を記念して、王宮の中にタイ国最初の公開国立図書館を開設したことに始まる。この図書館は既存の3つの王立文庫、すなわち「ワチラヤーン御文庫」、「仏教文庫」、「王室経蔵」を統合し、国立ワチラヤーン図書館として創設された。1932年の立憲革命により人民党政府が成立すると、翌年に新設された芸術局の下で国立図書館と改称され、今日に至っている。1947年には、ダムロンラーチャヌパープ親王(1862～1943年)の蔵書の譲渡を受けて「ダムロン文庫」が附設された。1966年には現在のサムセーン通りの新館に移転した。上部にタイの寺院風、下部に西洋風の建築様式を採り入れた美しい外観を有するが、中に足を踏み入れると内部は近代的かつ機能的な作りとなっている。なお同じ敷地内に、タイ国立文書館(National Archives)が併設されている。

● ················· 利用方法

タイ国立図書館は、入り口のある本館と、渡り廊下でつながる新館の2つの建物があり、それぞれ4階建てとなっている。入館する際には特に手続きは必要ない。本館1階にはインフォメーション、新聞・雑誌閲覧室、インターネットコーナー、

視聴覚資料室がある。入り口右手の新聞・雑誌閲覧室には、タイ国内で発行される定期刊行物がよく揃っており、バックナンバーの装丁も行き届いている。そのほか外国語の新聞雑誌も置かれている。インターネットは、学習・研究目的のみ、1日1回1時間の利用が可能である(無料)。係員に声をかけ、利用申込書を書いたうえで身分証明書を預け、利用する。視聴覚資料室には写真、映像資料、音声資料、地図資料のほか、新聞・雑誌や貴重書のマイクロフィルム、マイクロフィッシュが置かれている。カタログを見て、閲覧申請をすると職員が出してくれる。なおマイクロフィルムは複写依頼をすることもでき、タイ国内の場合は1枚10バーツ、国外からの依頼の場合は1枚20バーツとなっている(送料込み)。

貴重書閲覧室

　本館2階には一般図書(目録、社会、言語、科学、外国語図書)と、韓国朝鮮資料コーナーがある。3階は一般図書(芸術、文学、地理)のほか中国資料コーナー、そしてタイ関連資料コーナーからなっている。ここには近代タイの代表的知識人であるルアン・ウィチットワータカーン(1898〜1962年)、そして人文学者・著述家として知られるプラヤー・アヌマーンラーチャトン(1888〜1969年)の蔵書コレクションが含まれており、貴重な直筆本や私物なども展示されている。この2人はともにタイ国芸術局局長をつとめていた。なお本館の4階には製本された新聞・雑誌が置かれている。一般図書は開架式で、身分証明書を預けることで一時貸出することができ、館内で複写できる。閲覧室には学生や研究者などの姿が多く見られる。

　新館の2階には、論文・研究書コレクションと、アジアに関する資料コーナーが設置されている。3階は貴重書、4階には写本・碑文・貝葉書が展示されている。2階の論文・研究書コレクションと3階の貴重書は閉架式になっているため、検索用パソコンで調べた請求番号を持って、カウンターで閲覧申請書に記入する必要があ

る。これらも一般図書と同様、館内で複写をすることができる。タイ語と英語で書かれたタイ国内の学位論文は2004年から現在までのものが収められている。貴重書は50～150年前の図書や資料が5万冊以上保管されている。ここには王朝年代記やラーマ五世、ラーマ六世(ワチラーウット王、在位1910～1925年)の著作や蔵書などが含まれる。本館には複写サービスコーナーがある。複写したいページにしおりをはさんで渡し、番号が書かれた控えをもらって、完了予定時間に受取りに行けば良い。料金は後払いだが、混み合っていると数時間後になることもある。午後から行くと、複写が終わるのを待っているうちにあっという間に閉館ということもあるため、どうしても当日中に入手する必要がある場合は朝一番に行くことをお勧めする。スタッフの手さばきは華麗で速いのだが、いかんせん複写待ちの資料の数が多すぎる。

　以上で紹介したように、タイ国立図書館では一般図書のほか、タイ国内で刊行された学術論文や貴重な歴史的資料、古い新聞・雑誌のマイクロフィルムなど、多くの有益な資料に出会うことができる。なお、2018年10月にはスマートライブラリー・ビルがオープンした。来館者増加を目的として開設されたこのスマートライブラリーでは1万冊以上の電子書籍を閲覧することができるほか、無料Wi-Fiを利用することができる。平日7:00～20:30まで利用でき、co-workingスペースとしての活用が期待されている。

◉……………………**その他**

　図書館の入り口を出てすぐのところにカフェがあり、複写を待っている間に一息つくことができる。図書館周辺には多くの屋台や食堂などがある。最後にタイ国立図書館へのアクセスであるが、もっとも手軽なのは高架鉄道(BTS)のラーチャテーウィー駅で降り、駅前のバス停で23番か99番のバスに乗り換えることである。別の方法としては、地下鉄(MRT)のバーンスー駅で降りて65番バスに乗るか、同じ地下鉄のフアラムポーン駅で降りて49番バスに乗る手もある。どのバスに乗っても図書館の最寄りのバス停「テーウェート」(Thewet)で下車すると、タイ国立図書館までは徒歩1～2分である。不慣れで、かつ時間を節約したい場合は市内からメータータクシーを使うのが良いだろう。なお、現在タイ国立図書館のウェブサイトに

はデジタル・ライブラリーがあり、デジタル化された古いタイ字新聞や写本、貴重書、ダムロン親王のコレクションなどを検索することができる。　　［宇戸優美子］

● 参考文献等
　石井米雄. 1966.「タイ国新国立図書館を訪ねて」『東南アジア研究』4(2): 372-375.
　峯尾幸信. 1987.「タイ国立図書館：外国の情報センター・図書館を訪ねて」『情報の科学と技術』37(10): 479-482.
　https://www.bangkokpost.com/lifestyle/book/1569822/national-library-becomes-key-digital-hub（2018年12月10日最終アクセス）

バンコク中心部アソーク交差点

バンコク市内を走るトゥクトゥク（三輪タクシー）

インフォメーション

Webサイト	http://www.nlt.go.th/ （タイ語）
住　　所	Samsen Rd, Dusit, Bangkok, 10300, Thailand
電　　話	(+66)2-628-5192
開館日時	
新聞、雑誌、一般図書、学術論文、インターネット	
	月〜金 [9:00 〜 18:30]
	土・日 [9:00 〜 17:00]
貴重書、貝葉書、製本雑誌、視聴覚資料室	
	月〜金 [9:00 〜 16:30]
	土・日 [休]
スマートライブラリー・ビル	
	月〜金 [7:00 〜 20:30]
アクセス	本文参照のこと。
入館・閲覧に必要なもの	入館は自由だが、閲覧・複写のための貸出の際にパスポートのコピー（場合によっては原本）が必要。
その他	記事掲載後、改修工事が行われたため、配架場所などが変更となっている可能性がある。

チュラーロンコーン大学学術資源室
Office of Academic Resources, Chulalongkorn University (The Central Library)
สำนักงานวิทยทรัพยากร จุฬาลงกรณ์มหาวิทยาลัย (หอสมุดกลาง)

ロビー

　チュラーロンコーン大学は1917年に設立されたタイで最も古い歴史を有する国立大学である。日本の明治維新と同様の近代化を進めたラーマ五世(チュラーロンコーン王、在位1868～1910年)の業績をたたえ、後継者であるラーマ六世(ワチラーウット王、在位1910～1925年)によって創設された名実ともにタイを代表する総合大学である。

　バンコク中心部のサイアム地区に位置する大学の敷地内には、各学部・研究所附属の図書館が合計38カ所もあるが、今回紹介するのはその中心的存在といえる学術資源室(中央図書館)である。パヤータイ通り西側の本部キャンパス(法学部などがある方)にあるこの7階建ての中央図書館は5年ほど前に改築されたばかりということもあって、最新の設備が整っており、多くの学生が自習やグループワークに励んでいる姿を目にする。

● ··················· **利用方法と所蔵資料**

　入り口を入ると、入館ゲートとピンク色の自動券売機が目に入る。一般利用者はこの自動券売機で当日限りの入館証を発行して入館する。20バーツを投入し(硬貨のみ利用可、隣に両替機あり)、身分証明書(パスポート原本)をスキャンさせると、バーコードが印刷されたレシートが出てくる。これをゲートの読み取り機にかざせば入館することができる。無事にゲートを通過すれば、あとは基本的に閲覧・複写などが自由に行える。

　1階には、サービスカウンター、新聞雑誌閲覧コーナー、新着本コーナー、PCコー

ナー、そして自主学習用のスペースがある。2階には学位論文の書架、研究支援サービスカウンター(資料検索の相談が可能)、グループスタディー・ルームなどが設置されている。3階はメディアルーム(真新しいMacがずらっと並んでいる)、会議室、孔子学院の資料室がある。開架式の一般書架が並んでいるのは4階以上で、4階と5階に人文学・社会科学の図書が配置され、6階には貴重書とチュラーロンコーン大学出版会コレクションのほか、「タイ情報センター」というコーナーには公的機関から寄贈されたタイに関する資料、図書が集められている。

1階カウンター

学位論文や図書で、OPACの備考欄に "contact staff" とあるものは1階のカウンターに問い合わせると、書庫から

2階閲覧室

出して持ってきてくれる。資料の検索方法や所蔵場所など、丁寧に教えてくれるため、何か困ったらカウンターに尋ねるのが一番手っ取り早い。なお複写サービスカウンターは5階にある。先にデポジット100バーツを払い、受取証をもらって複写完了まで待つ。混み具合にもよるが、学位論文1冊(約200頁)の複写でおよそ30〜40分ほどである。複写が済むまで1階のカフェでリラックスというのも悪くない。

図書館に着いてからPCで資料検索することも可能だが、複写の時間も考慮すると、できれば事前にOPAC(https://library.car.chula.ac.th)で検索し、請求番号をメモしていくのが効率的で良いだろう。その際、所蔵が中央図書館か、各学部附属の図書館なのかをしっかり確認する必要がある。また、現在貴重資料のデジタル化や論文資料のデータベース化が進められている。例えば、CUIR(The Chulalongkorn University Intellectual Repository, http://cuir.car.chula.ac.th)では、チュラーロンコーン大学に提出された学位論

1階のカフェ

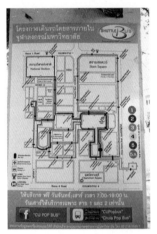

学バスルート

文を検索、ダウンロードすることができる。こちらもぜひ利用したい。

● ……………… アクセス

チュラーロンコーン大学には、サイアムスクエアから徒歩で行くことも可能だが、無料のシャトルバスを利用するのがおすすめだ。BTSサイアム駅の一番西側出口(サイアムスクエア・ソイ3のあたり)を降りて、リドー映画館の前、セブンイレブンの少し手前のところに、制服を着たチュラーロンコーン大学の学生が大体いつも数名立っている。そこでしばらく一緒に待つと、ピンクの小さめのバスがやってくる。4番のバスに乗るとパヤータイ通りから西側キャンパスに入っていくので、そのまま中央図書館へ行くことができる。このバスはその後東側キャンパス(文学部などがある方)を回って再びサイアムに戻るため、帰りもこれで駅まで戻ることができる(1番バスは東側キャンパスとサイアム間を回る)。　　[宇戸優美子]

インフォメーション	
Webサイト	http://www.car.chula.ac.th/ (英語・タイ語)
住　　所	Office of Academic Resources, Chulalongkorn University, Phyathai Rd, Pathumwan, Bangkok, 10330, Thailand
電　　話	(+66)2-218-2929
開館日時	新聞、雑誌、一般図書、学術論文、インターネット 月~金 [8:00~21:00] 土 [9:00~16:00] 日 [休] (なお中間試験、期末試験中は月~金 [7:00~24:00] も開館)
アクセス	BTSサイアム駅またはMRTサームヤーン駅から徒歩10分、またはBTSサイアム駅からシャトルバスで5分
入館・閲覧に必要なもの	パスポート原本、入館料20バーツ

ミャンマー国立公文書局
National Archives Department (Yangon)
အမျိုးသားမှတ်တမ်းများ မော်ကွန်းတိုက်ဦးစီးဌာန (ရန်ကုန်)

　ミャンマーの旧首都で現在も最大の人口をほこる都市ヤンゴンにミャンマー近代史研究には欠かせない施設——国立公文書局（アミョウダー・フマッタンミャー・モーグンタイッ・ウースィーターナ、National Archives Department）がある。ここにはイギリス植民地時代から現在に至るまでの行政文書が収蔵されている。筆者は10年以上にわたりこの文書館を利用しており、とりわけ2007年から2009年にかけてのヤンゴン留学中は毎日のように足しげく通った。本稿では、自身の経験をもとに可能な限り最新の情報をとりこんで、ミャンマー国立公文書局の紹介をしたい。

◉･･････････来歴と収蔵資料

　国立公文書局には、イギリス植民地期から現在に至るまでの行政文書が収蔵されている。しかし、閲覧には制限があり、一般公開されているのは主に1948年の独立以前のイギリス植民地時代の資料である。2014年に独立後の1963年までの一部資料が公開されたが、この資料群については公開から日が浅くまだ全容が明らかでないこともあるので、ここでは主に植民地文書について解説する。

　そもそもミャンマーの資料残存状況は良いとは言えない。第二次世界大戦期に戦場となったことや、独立期の政治的動乱により多くの歴史資料が失われた。しかも、独立後の政府はしばらくの間、公文書の保存・管理に注力できず、イギリス植民地官僚機構が作り上げた行政文書の整理法も厳密に踏襲されなくなった。独立後四半世紀近くを経た1972年にようやく国立公文書局が設立され、以後、各省庁や地方からの公文書の収集が始まった。

　国立公文書局には官報や議事録、種々の報告書といった過去の政府公刊物も保管されているが、より魅力的な収蔵資料は未公刊の行政文書である。こうした行政文書は各時代の政権や省庁ごとに大きく29の資料群に分けられる。そのうち植民地期に関する資料が最も多く含まれるのは、やはり「第1群　独立前（1835〜1948）」であ

ミャンマー国立公文書局の行政文書資料群

第1群	独立前(1835〜1948)
第2群	第二次世界大戦(1942〜1945)
第3群	独立後(1948〜1988)
第4群	革命評議会(1962〜1988)
第5群	革命政府(1962〜1974)
第6群	ビルマ社会主義計画党(1962〜1988)
第7群	人民議会(1974〜1988)
第8群	国家評議会(1974〜1988)
第9群	協定、条約、約定(1964〜1988)
第10群	内務省(1903〜1974)
第11群	計画・財政省(1948〜1992)
第12群	首相府(1943〜2010)
第13群	運輸・通信省(1963〜2004)
第14群	国家法秩序回復評議会(1988〜1997)
第15群	外務省(1939〜1993)
第16群	国境地域・土着諸民族開発省(1989〜2011)
第17群	文化省(1824〜2004)
第18群	教育省(1885〜2005)
第19群	公共事業省(1989〜1993)
第20群	国家計画・経済発展省(1993〜2011)
第21群	国民会議開催委員会(1993〜2006)
第22群	国家平和発展評議会(1997〜2010)
第23群	情報省(1945〜2002)
第24群	エネルギー省(2001〜2007)
第25群	灌漑・人的資源省(1973)
第26群	商業省(1963〜2000)
第27群	ホテル・観光省(1965〜2004)
第28群	司法長官(1989〜2005)
第29群	ミャンマー連邦共和国(2011)

注)国立公文書局ウェブサイトより。サイトの英語版とビルマ語版に相違がある場合はビルマ語版の情報を採用。

ミャンマー国立公文書局

る。この資料群は、1970年代後半から1980年代前半にかけて国立公文書局が収集した植民地時代の行政文書であるが、その内実は主に2つのコレクションから成っていると言える。1つは政庁官房資料、もう1つはイラワディ管区資料である。

　前者の政庁官房資料は、ヤンゴンにあった植民地行政の中枢に蓄積されてきた膨大な量の公文書である。19世紀半ばから20世紀前半にかけて、植民地行政の政策決定過程をつぶさに知ることができる。この資料群は1975年、1976年、1988年の3度に分けて、当時これを収蔵していた外務省から国立公文書局へ移管された。しかし、独立から移管までの間に、植民地行政の文書整理方法とはまったく別の仕方で整理し直されてしまっている。そのため、研究者は個々の資料を利用する際、その資料が当時置かれていた脈絡を自ら再構築せねばならない。イギリスやインドの文書館を併用しつつ、植民地時代の文書整理方法に精通する必要がある。

　後者のイラワディ管区資料は、エーヤーワディー川（植民地期はイラワディ川と呼ばれた）下流域デルタの一部を管轄した地方行政府の資料群である。国立公文書局は設立ののち、各地方からの行政文書の収集にあたったが、その成果は芳しいもので

はなかった。しかし、イラワディ管区の資料群は例外的に散逸が少なく、まとまったかたちで資料が移管された。国家と社会との接点にあたる行政の末端レベルで何が起こっていたのかを知ることができる第1級の資料群と言える。

● カタログとガイド

　カタログの電子化が進んでおり、現在、国立公文書局内のコンピューター端末でのみ電子カタログの利用が可能である。上記の植民地期の行政文書を含め、かなりの資料を検索できるが、資料のタイトルが間違って登録されていることが多々あるので、あまり信頼できない。また前述の通り、現在の文書館の整理番号は、本来の植民地行政の整理方法とは無関係である。

　紙媒体のカタログは、植民地期の資料に関しては閲覧室に置いてある。やはりタイトル間違いが見られるので注意が必要。

　なお、国立公文書局の利用ガイドには以下のものがあり、本記事もこれに拠るところが大きい。閲覧室に置いてある。

Khin Mar Mar (comp.). 2003. *Guide to the Archival Sources of the British Administration Period 1826-1948*. Yangon: National Archives Department, Ministry of National Planning and Economic Development, Myanmar.

● アクセス

　国立公文書局は、上座仏教徒の信仰篤いシュエダゴン・パゴダの程近く、各国大使館の建ち並ぶ閑静な街区に位置する。市の中心部から訪問するには、タクシーを捕まえて「ピーダウンズー・イェイッター通り」と告げるのが一番手っ取り早い。この通りは別名「ハルピン通り」ともいうので、運転手によっては後者の方が通じる。いずれにせよ、普通の人はまず国立公文書局のことを知らない。フィール(Feel)という有名レストランやフランス大使館、インドネシア大使館の並びなので、これらを目印にするのがよい。

　市の中心部から国立公文書局へより安価に訪問しようとすればバスを使わねばならない。ヤンゴンから北へ伸びる幹線ピィー通りを北上するバス(何路線かある)に乗り込み、「ペーグーカラッ(Pegu Club)」のバス停で降りる。バス停から、すぐそばのミャンマー国立博物館、インドネシア大使館と壁伝いに歩き、ピーダウンズー・

イェイッター通りとの交差点を東に折れればじきに到着する。

● 利用方法

利用登録が必要である。現在、外国人の場合は、自国の在ミャンマー大使館を通じて事前に利用申請をせねばならない。申請書には、名前、職業、住所、学歴、研究テーマ、研究対象時期、従来の研究テーマなどを記載する。ま

入口

た、自身の所属機関からの推薦書を別添する。公文書局からの許可を得たのち、現地で利用登録の手続きを行い、利用料として30米ドル支払うと1年間有効の利用登録証を発行してもらえる。現地での利用手続きはすぐ済むので、その日のうちに調べものにとり掛かれる(ちなみに以前は自国での事前申請や所属機関の推薦状提出の必要はなく、代わりに「ミャンマー人の著名な研究者の推薦状」が必要で、その「推薦状」発行を代行してくれる本屋もあった)。

訪問の際には、その都度、入り口の門の脇にある受け付けで来訪者帳に名前と来訪時間を記入する。しかし、このとき利用登録証の確認は行われないので、初日に登録を済ませて以後は登録証の出番はない。

閲覧室では、パソコンやデジタルカメラなどの使用が禁止されている。資料の複写は、自ら筆写するか職員にコピーを依頼することになる。以前はコピー代が高かった(4枚で1米ドル)が、現在では1枚60チャット(7円弱)とかなり安くなった。

ときおり、閲覧室が職員の井戸端会議の議場となることがあるので、気になる人は耳栓などを用意しておくとよい。

● 食事処

国立公文書局からの徒歩圏内にはそれほどたくさんの食事処があるわけではない。しかし、前述のフィール(Feel)がすぐ近くにあるのは幸いと言ってよい。フィールは市内に数店舗展開する人気ミャンマー料理店(店舗によって扱う料理が違

う)で、このピーダウンズー・イェイッター通り店はそのうちでもっとも有名な本家本元である。外国人観光客も多い。ガラスケースの中に並んだ多彩なミャンマー・カレー(ビルマ語で「ヒン」)を実際に目で見て、好みのものを注文できる。カレーのほかにも、和え物(「アトゥッ」)や麺類など選択肢が実に多い。

　ミャンマー料理に食傷気味となったら、フィールの東隣りに同一グループのカフェ、テイスト(Taste)がある。サンドイッチやハンバーガーからステーキまで西洋料理をそろえている。フィールと同じグループなので、上級者であればフィールのテーブルに座ってテイストの料理を注文するという裏技も可能。

　もう少し足を延ばすと、ピーダウンズー・イェイッター通りの東の突当たり、ミョウマチャウン通りには点心店のオリエンタル・ハウスがあり、逆にピィー通りを少し北上するとサミット・パーク・ビュー・ホテルの付近に何件かの店が集まっている。

[長田紀之]

附記　本稿は2015年5月に執筆されたものであり、その後の状況については情報の更新をしていない。

インフォメーション

Webサイト	https://www.mopf.gov.mm/en/page/planning/national-archives-department-nad/170 (ビルマ語)
住　　所	No. 114, Pyidaungsu Yeiktha Road, Dagon Township, Yangon, Myanmar
電　　話	(+95)1-384350
Fax	(+95)1-254011
E-mail	nad@mptmail.net.mm
開館日時	月～金［10:00 ～ 16:00］ 土・日［休］
入館・閲覧に必要なもの	利用登録証（しかし、入館の都度、チェックされるということはない。最初の利用時に登録を済ませさえすれば、利用証携行の必要はないといってよい）。 ※ 2015年5月現在、外国人の場合、公式には利用登録に以下の手続きが必要。
①利用申請書の事前送付	申請書には名前、所属、研究テーマなどを記載し、所属機関からの推薦書を別添する必要あり。自国のミャンマー大使館を経由して国立公文書局宛に送付する。→公文書局から許可が下りたら訪問可能。
②現地での手続き	利用者登録と1年間の利用料として30米ドルの支払い→即日利用開始可能。
その他	事前申請の段階でなしのつぶてであっても、現地に行ってみるとどうにかなることがある（かもしれない）。

マレーシア国立図書館
National Library of Malaysia
Perpustakaan Negara Malaysia

マレーシア国立図書館は、独立前年の1956年に開館したマレーシア最大の図書館である。図書館は、首都クアラルンプールの北部を走る幹線道路トゥン・ラザク通り(Jalan Tun Razak)沿いに位置している。周囲に劇場や病院等の公共・文化施設が並ぶ地区の一角にあり、マレー人の民族衣装の帽子の文様をかたどった屋根が印象的な建物である。

利用者受付のあるアンジュン・ベスタリ

● ……………利用方法

利用手続きはその場で済ますことができる。受付にパスポートを持参し、必要事項を記入した書類を提出すればその場で3年間有効の入館証を発行してもらえる(無料)。受付は、入って正面の建物であるアンジュン・ベスタリ(Anjung Bestari)の1階にある。図書館のOPACの画面からオンラインでの登録もできる(ページの左上)(http://opac.pnm.gov.my/search/query?theme=PNM2)。

図書館は資料のデジタル化に力を入れており、さまざまなデジタルツールを用意している。登録すれば、デジタル化された資料を閲覧できるほか、ウェブサイト(http://www.pnm.gov.my/)には、書籍にくわえて新聞・雑誌や視聴覚資料も含めたマレーシアの全国総書誌(Katalog Induk Kebangsaan)(http://kik.pnm.my/c/portal/layout?p_l_id=PUB.1.100)や、マレーシアで発行された雑誌の多くの記事に無料でアクセスができるMyJurnalと呼ばれるデータベース(http://www.myjurnal.my/public/browse.php)へのリンクもある。

マレーシア関係コレクションを所蔵するムナラPNM

また、アンジュン・ベスタリには、スマート・ライブラリーと呼ばれる電子書籍の閲覧コーナーも設けられている。

◉……………収蔵資料

所蔵資料のうち、マレーシア関係の資料のコレクションは、「マレーシアーナ(Malaysiana)」と呼ばれる。それらは、受付のあるアンジュン・ベスタリではなく、その裏手にたつムナラPNM(Menara PNM)と呼ばれる建物に所蔵されている。この建物は6〜11階が書架、閲覧スペースとなっている。それぞれの階の所蔵資料の概要は以下の通りである。

【6階】マレーシア関連の定期刊行物(新聞・雑誌)

マレーシアで発行された新聞・雑誌のコレクションである。新聞については、33タイトルのマイクロフィルム9,000本あまりを含んでおり、マイクロリーダーが備えられている(1枚1リンギットで印刷が可能、1リンギットは2019年2月現在約27円)。所蔵タイトルについてはHPで確認できる。

【7階】マレーシア関連の書籍

同じく、マレーシアに関連する書籍のコレクションである。人文・社会系の書籍にくわえて、理系のマレーシア語書籍も含まれている。

【8階】地図

【9階】法令、官報

政府関係機関の官報、報告書、統計などが所蔵されている。すべての年度がそろっているわけではないが、一部には独立前の植民地時代のものもある。

【10階】貴重書

閲覧はできないが、植民地時代の書籍等が展示されている。

【11階】マレー語写本

この階はマレー語写本センター(Pusat Manuskrip Melayu)となっており、16世紀～20世紀初頭までのジャウィ(アラビア文字表記のマレー語)による写本が所蔵されている。国立図書館により作成されたマレーシア国内の諸機関に所蔵される写本資料の目録もある(Katalog Induk Manuskrip Melayu di Malaysia(1993, Perpustakaan Negara Malaysia))。

資料の検索は、OPACを通じて行うことができる。請求記号によりどの階に所蔵されているかがわかる仕組みとなっている。各階は広くはないが、それぞれにスタッフが常駐しているので、見たい資料については、資料を所蔵する階の職員に相談するとよい。

◉・・・・・・・・・・・・・・・・・・・・その他

アンジュン・ベスタリの地下に荷物預かり所がある(無料)。また、同じく地下には食堂があるが、軽食中心であまり本格的な食事はできない。

マレーシア国立図書館は大型の公共図書館という位置づけであり、利用者も地元の学生などが中心である。したがって、専門的な資料はそれほど多いとはいえないが、独立以降の公文書や新聞資料、前近代のマレー語写本などは研究者にとっても有用な資料であろう。

ただし、マレーシアにおけるそうした資料は一か所に集約されず、さまざまな機関に分散して所蔵されている。クアラルンプール市内では、国立文書館(Arkib Negara Malaysia、独立以前の植民地期の公文書、新聞など)、言語出版局(Dewan Bahasa dan Pustaka、マレー語の写本など)、マラヤ大学図書館(学術書や雑誌など)などが専門的な図書館を持つ。これに関しては、次にあげる日本語で書かれた参考文献もあわせて参照されたい。

[坪井祐司]

◉参考文献等
坪井祐司・鈴木絢女・篠崎香織. 2005.「クアラルンプール市内およびその周辺での資料収集案内」『JAMS News』32.(http://jams92.org/pdf/NL32/32(06)_tsuboi_suzuki_shinozaki.pdf　＊ただし、交通アクセスなど、一部の情報はすでに古くなっているので注意)
西尾寛治・坪井祐司. 2002.「マレーシアのジャウィ文献：文献の概観と研究工具の紹介」『上智アジア学』20(2002): 243-258.

街の中心に建つモスク
(マスジド・ジャメ)

スルタン・アブドゥル・サマド・ビル
(イギリス統治時代の行政府)

インフォメーション	
Webサイト	http://www.pnm.gov.my/ (マレー語・英語)
住　　所	232, Jalan Tun Razak, 50572 Kuala Lumpur, Malaysia
電　　話	(+60)3-2687 1700
開館日時	月～土［10:00 ～ 19:00］ 日［10:00 ～ 18:00］ 月・祝［休］
アクセス	公共交通を利用するのはやや難しいため（交通手段としては使い勝手のよくないバスしかない）、タクシーの利用をお勧めする。
入館・閲覧に必要なもの	パスポート

サバ州立図書館・本館
Sabah State Library
Ibu Pejabat Perpustakaan Negeri Sabah

　サバ州は、首都クアラルンプールのある半島部マレーシアではなく、ボルネオ島(カリマンタン島)北部に位置する。今回、紹介するサバ州立図書館の本館は、サバ州の州都コタキナバルにある。コタキナバル市内には、スリア・サバというショッピングモールの中にコタキナバル市分館があるが(以前、コタキナバル市役所近くにあった分館は閉館)、こちらに所蔵されているのは一般書、雑誌、新聞程度で、ショッピングモールの利用客の休憩所や、学生の勉強場所のようになっており、規模の小さいものである。その他にも、州内には地方図書館が3(ケニンガウ、タワウ、サンダカン)、地方分館が21(コタキナバル近隣ではプナンパン地区など)ある。現在、コタキナバル国際空港ターミナル2のあるタンジュンアル地区に、新しい図書館が建設中である(建物は完成しているが、現時点で具体的な開館日等は不明)。

　サバ州は、英領マラヤであった半島部マレーシアとは異なる歴史的背景を持ち、北ボルネオとして、北ボルネオ会社(1881〜1942年)、日本占領期(1942〜1945年)、およびイギリス(1946〜1963年)の統治を受けた。その後、1963年9月16日に、マラヤ連邦、サラワク、シンガポールと共にマレーシアを結成し(シンガポールは1965年に独立)、サバ州となった。このような経緯から、特に植民地統治期の資料などを中心として、サバ州内でしか手に入らない資料があり、それらを所蔵している主な機関の1つが、サバ州立図書館である。

◉‥‥‥‥‥‥**利用方法と収蔵資料**

　サバ州立図書館本館の建物は、8階建てのビルである。2、3階は一般開架になっている。ここにある児童書や雑誌、一般書、新聞が自由に閲覧できるようになっており、外への借り出しが可能なものもある。また、インターネット利用のできるパソコンもあり、3階カウンターで登録をすると利用することができる。日中は、中学生や高校生がグループになって試験勉強をしていることが多いので、これらのフ

ロアは賑やかである。

　行政資料や、専門書の大半は5階または6階に所蔵されている。5、6階は一般開架にはなっていないため、自由に入ることができない。ただし、入室、資料閲覧が厳しく制限されているわけではなく、3階のカウンターで必要事項(名前、パスポート番号、連絡先)を記入し、入室許可カード(自分が行きたい階が書いてあるもの)を受け取れば、誰でも入ることができる。パスポートなどを提示する必要はない。5階および6階の管理担当職員が不在の場合、入室が許可されないこともあるので、時間的余裕をもって行ったほうがよい。

　5階は「政府出版物コレクション」、「マレーシアーナ・コレクション」となっている。植民地時代およびマレーシア結成以降の各機関の年次報告書などの公文書が所蔵されている。最近、一部の年次報告書などの公文書が電子化された(オンライン公開などはしていない)。6階は「サバ・コレクション」になっており、北ボルネオ会社時代やイギリス直轄領時代に出版された書籍、専門書、研究論文なども多く所蔵されている。その他にも、植民地時代や、マレーシア結成以降のサバ(北ボルネオ)に関する専門書、資料などが所蔵されている。分野は、自然科学系から人文社会科学系まで多岐に渡る。

　5、6階に所蔵されている書籍については館外借り出しが認められていないため、目的の資料や書籍が見つかったら、その場で読んで記録を取るか(パソコンの持ち込みは可能)、コピーを依頼することになる。コピーは割高で、1枚20セント(外のコピー屋の相場が1枚5セント)、サイズはA4のみである。また、1冊につきコピーが許されているページ数が決まっているため、注意が必要である。コピーを希望する際、各階から3階の受付カウンターまで資料や書籍を持っていく必要があり、「館内での資料、書籍の移動」のための手続きをとらなくてはならない。とはいっても、各階に置かれているノートに、日付、名前、持ち出す資料の名前を記入するだけである。コピーには数日かかることがあるので(20年分の資料などをまとめてコピーする場合には、3日から1週間ほど時間がほしいと言われることもある)短期調査で行った場合には、帰国2〜3日前などに行くと間に合わない可能性が高いので注意してほしい。支払いは、後払いでコピー完了後、枚数が確定した段階で1階のカウンターで支払

う。コピー機の縮小や拡大の操作を誤るなどして、一部ページの端の情報が切れてコピーされていないことも頻繁にあるので、受け取ったら確認をしてほしい。

州立図書館に所蔵されている書籍、資料などのコレクションについては、オンラインで検索することができる。ただし、本館が所蔵できる許容量の問題で、古い時代

図書館外観

の地図などの一部貴重な資料が近隣にある倉庫に保存されたままになっている。オンライン上では、本館に所蔵されていることになっているが、実際に見つからないものも多くあるので、各階を管理している担当職員に確認する必要がある。

◉‥‥‥‥‥‥**近隣の資料所蔵機関**

州立図書館本館の近くには、徒歩圏内に州立文書館(Arkib Negeri Sabah)や国立文書館のサバ州分館(Arkib Negara Cawangan Negeri Sabah)がある。これらの文書館にも、北ボルネオ会社やイギリス直轄統治時代の文書、資料等が所蔵されているため、現地の資料収集のためには、州立図書館とあわせて利用することをお勧めする。1か月ほど資料整理のために閉館していることがあるので注意が必要である。

◉‥‥‥‥‥‥**アクセス**

サバ州立図書館本館は、コタキナバル中心地から、プナンパン地区につながるプナンパン通り(Jalan Penampang)から少し入ったところにある。コタキナバルおよびその周辺の公共交通機関の便はあまりよくないが、一番安く図書館に行く方法はバスになる。

以前コタキナバル中心街の南端にあったワワサン・バスターミナルには、コタキナバル市内と郊外(近隣)を結ぶ近距離用バス、ミニバスが集まっていたが、現在は工事のため閉鎖しており、行き先ごとにバス停が中心部の各所に分かれてしまった。サバ州立図書館本館の近くを走るバスは、プナンパン地区行きのもので、プロ

ムナードホテルおよびマリナコート前のバス停から出発する。プナンパン地区に行くバスは、ドンゴゴン(Donggongon)という町が終点である(オレンジと白のバスで、バスの番号は13番)。ドンゴゴン行きのバスには2種類あり、新道(Jalan baru:ジャラン・バル)経由と、コブサック(Kobusak)経由のものと2つあるが、どちらでも図書館近くは通る。バスに時刻表はなく、座席がすべて埋まったら出発となる。従って、時間帯やタイミングによっては、1時間近く待たなくては出発しないこともある(金曜日の正午近くはイスラムの金曜礼拝のため特に注意)ので、時間の予定を立てるのが難しい。

また、特定のバス停はなく、降りたい場所で(降車が物理的に不可能でない場所であれば)降りたいという意思表示(基本的には降車ベルを押す、もしくは降りますと声をかける)をすれば降ろしてもらえる。一方で、自分の降りる場所が、どこにあるのか把握できていない場合は、降りるのが難しい。サバ州立図書館本館は、道から少し入った場所にあるので、「図書館に行きたい」と言っても、バスの運転手や、運賃を徴収に来る車掌のような役割をしている人が、場所を把握しているかはまちまちである。州立図書館本館に行く場合、「アーキブ(Arkib:州立文書館)」または「タマン・リンバ(Taman Rimba:トロピカル・パーク)」と伝えて、着いたら教えてもらうように、運転手または車掌に予めお願いしておくとよい。無事、州立公文書館またはトロピカル・パークの前で降ろしてもらえたら、トロピカル・パーク内を、坂を上るように抜けると、左手に州立図書館本館が見えてくる(特徴的な建物の形をしているので、詳しくは写真参照のこと)。平日は夜21時まで開館しているが、周辺のバスは夜19時半から20時頃終わる上、この時間帯は、あまり頻繁にバスが通らないので、バスを使用する際は帰宅時間には注意してほしい。

周辺には流しのタクシーは見つからないが、近年ではコタキナバルでもGrabという配車アプリ(審査を経て運転手登録を済ませた一般車のライドシェア)が利用可能となったため、現地で使えるスマートフォンを持っていればGrabをインストールし、利用すると便利である(料金も正規のタクシーよりも割安)。コタキナバル市内からタクシーで行く場合は、コタキナバル市内には複数の図書館があるので、「図書館に行きたい」と言うだけでは通じないことがある。住所を見せるか、もしそれでもわか

らないようなら、「タマン・リンバ(トロピカル・パークでは通じない可能性が高い)の近く」と伝えるとわかってもらえるだろう。コタキナバル中心街から州立図書館本館までは車で10分程度の距離だが、サバのタクシーの初乗り料金は10リンギットのため、15リンギット程度が相場である。メーターは使ってくれない。　　[金子奈央]

サバの水上集落

キナバル山

インフォメーション	
Webサイト	http://www.ssl.sabah.gov.my/ (マレー語・英語)
住　　所	Jalan Tasik, Off Jalan Maktab Gaya, 88300 Luyang, Kota Kinabalu, Sabah, Malaysia
電　　話	(+60)88-214828/ 231623/ 254493
Ｆ　ａ　ｘ	(+60)88-230714
E-mail	hq.ssl@sabah.gov.my (返信はあまり期待できない)
開館日時	月〜金 [9:00 〜 21:00] 土・日 [9:00 〜 14:00] 祝 [休]
アクセス	本文参照のこと。公共交通を利用するのはやや難しいため(交通手段としては使い勝手のよくないバスしかない)、タクシーの利用をお勧めする。
入館・閲覧に必要なもの	入館について必要な手続きは特になし。本の館外借り出しを希望する場合には、利用者登録が必要なので、パスポートと年間利用料50リンギット(外国人の場合)が要る。
その他	現在の州立図書館の規則では、本館図書館の書籍や資料をコピーする際、1冊につきコピー可能なページ数に制限があるので注意が必要。

シンガポール国立図書館
National Library of Singapore

　シンガポール国立図書館は、ラッフルズ・ホテルにも近接する市の中心部に位置し、MRTのブギス、ブラス・バサ、シティ・ホール各駅から徒歩圏内で、アクセスは大変便利である。現在のヴィクトリア・ストリートの図書館は、2005年に開館した地上16階建ての目をひく建物である。母体の国立図書館局は、国立図書館、国立公文書館、26の公共図書館を管轄する。コレクションは、図書館組織全体で書籍755万点、電子資料は458万点に及ぶ。

　図書館は、1823年にシンガポールの建設者ラッフルズによって設立された教育機関シンガポール・インスティテューションに起源をもつ。その後ラッフルズ図書館・博物館として整備され、戦後の植民地からの独立の過程で国立図書館となった。現在の国立図書館局のもとで組織化されたのは1995年のことである。長らくスタンフォード・ストリートに位置していたが、2005年に現在の位置に移転した。

●·················**利用方法**

　開館時間は、毎日午前10時〜午後9時である(祝日を除く)。利用にあたって、登録などの手続きは不要であるが、マイクロフィルムの閲覧の申し込みの際には身分証(パスポート)の提示が求められる。館内に飲食施設はないが、入り口近くにカフェが併設されているほ

図書館外観

か、近隣地域には飲食店がたくさんある。

　図書館は、1階が受付となっている。エスカレーターで地下1階に降りると、そこは一般市民向けの公共図書館となっている。一般書のほかに、各国の新聞も閲覧できる。一方、エレベーターで昇ると、7〜13階がリー・コンチアン参考図書館(Lee Kong Chian Reference Library)となっている。図書館に寄付を行った華人の実業家・慈善家のリー・コンチアン(李光前)の名前にちなんでいる。参考図書館には、専門書を中心に約60万点の研究資料が所蔵されている。その主な構成は以下の通りである。

- 7階——経済、科学技術コレクション(企業などの年次報告書や統計および理系図書)
- 8階——芸術、社会・人文科学コレクション(芸術および文系図書一般(東南アジア以外))
- 9階——華語、マレー語、タミル語コレクション(英語以外の書籍全般)
- 10階——寄贈コレクション(図書館は、個人の寄贈も積極的に受け入れている。展示コーナーも併設されており、期間限定の企画展示が行われることもある)
- 11階——シンガポール、東南アジアコレクション(後述)
- 13階——貴重書コレクション(閉架)

　各階の入り口でチェックがあり、大きな荷物は無料のロッカーに預けることになっているが、係員の許可を得ればPCなどの持ち込みは可能である。各階のカウンターには図書館員がおり、資料について相談に乗ってくれる。各階に複写室もあり、資料のコピー(A4で1枚10¢、2019年2月現在1シンガポールドル＝100セント＝約82円)、マイクロフィルムのプリント(11階：A4で1枚45¢)も可能である。閲覧スペースは広く取られているが、午後は地元の学生を中心にかなり混雑することがある。

◉┄┄┄┄┄┄┄┄**収蔵資料とデジタルコンテンツ**

　シンガポールに関心のある外国人にとって利用価値が高いのは、11階の東南アジアコレクションであろう。東南アジア各地域に関する英語文献が開架で一通り揃っているほか、視聴覚資料(DVDなど)も多数ある。古い資料はマイクロフィルム化されている場合も多い。マイクロフィルムも開架となっているが、閲覧にはカウンターで申請する必要がある。マイクロフィルムのなかでは、とくにシンガポー

ル及び近隣地域で発行された新聞・雑誌は貴重である。19世紀のものから、英語、華語、マレー語、タミル語、日本語など多岐にわたる言語の定期刊行物が含まれており、11階には新聞専用の検索端末も用意されている。

　11階より上は貴重書の書庫で、立ち入り制限がある。貴重書の閲覧は可能だが、事前の申請が必要である(ホームページから申請できる)。古い資料の閲覧を希望する場合には、訪問前に閲覧資料を確定し、貴重書である場合には申請を済ませておいた方が良い。

　シンガポール国立図書館の大きな特徴は、デジタル・コンテンツの充実である。書籍、雑誌、視聴覚、地図などの横断検索が可能なOPACや幅広い電子書籍のコレクションにくわえて、さまざまなデータベースがHPを通じて図書館外からもアクセス可能である。特に充実しているのがシンガポールに関するデータベースである。そのいくつかを紹介しよう(http://eresources.nlb.gov.sg/Main/Pages/About)。

・Books SG(http://eresources.nlb.gov.sg/printheritage/)：シンガポールに関する書籍のデジタル・データベース。シンガポールの建設者ラッフルズ(T.S.Raffles)の著書、その通訳アブドゥッラーの記録『アブドゥッラー物語(Hikayat Abdullah)』(ジャウィと呼ばれるアラビア文字表記のマレー語で書かれている)、華語やタミル語の資料、古地図などの貴重資料にオンラインでアクセスすることができる。

・Newspapers SG(http://eresources.nlb.gov.sg/newspapers/)：シンガポール・マラヤの新聞データベース。現地最大の英字紙ストレーツタイムズ(Straits Times)が1845年の創刊からすべてデジタル化されているほか、19世紀前半からの30タイトル以上の英語、華語、マレー語の新聞の記事全文の横断検索ができる。ダウンロードはできないものの、膨大な情報量を持つ貴重なデータベースである。

・History SG(http://eresources.nlb.gov.sg/history)：シンガポールの歴史データベース。年表形式でシンガポールの歴史が関連資料とともに叙述され、関連する文献の書誌情報がリンクされている。

　このほかにも、シンガポールの電子百科事典、出版、音楽、写真・絵図の各データベースなど、多くのコンテンツが用意されている。

　データベースによるネットワーク化には他機関との連携も含まれている。国立図

書館・文書館にシンガポール国立博物館を加えた横断検索システム One-Search（http://search.nlb.gov.sg/Search）では、紙の資料にくわえて、視聴覚資料やシンガポールの地図などの検索が可能である。くわえて、他の東南アジア諸国の図書館との連携により、ASEAN Digital Library（http://www.aseanlibrary.org/）というサイトも開設し、各国の資料のデジタル・アーカイブ化を推進している。

　くわえて、数多くの講演会やワークショップ、企画展示を主催するなど、さまざまな企画を積極的に手掛けており、その機能は図書館業務に留まっていない。「ビブリオアジア（Biblioasia）」（http://www.nlb.gov.sg/biblioasia/）という季刊の雑誌を出版しており、図書資料や活動の紹介を行っている。こうした点からも、シンガポール国立図書館は、東南アジア、さらにはアジアの図書館をリードする存在であるといえよう。

地上16階建ての図書館ビル

[坪井祐司]

インフォメーション	
Webサイト	https://www.nlb.gov.sg/（英語）
住　　所	100 Victoria Street, Singapore 188064
電　　話	Web上で公表されていない
E-mail	ref@nlb.gov.sg
開館日時	[10:00〜21:00] 祝［休］ クリスマス、正月、旧正月 [10:00〜17:00]
アクセス	MRTのBugis駅、City Hall駅、Bras Basah駅が最寄り。
入館・閲覧に必要なもの	なし

シンガポール国立大学中央図書館・華語図書館
The Central Library & The Chinese Library, The National University of Singapore Libraries System

　シンガポール国立大学図書館は、7館から構成されている。今回はその中から、中央図書館(The Central Library)と、隣接する華語図書館(The Chinese Library)を紹介したい。中央図書館・華語図書館が位置するシンガポール国立大学ケントリッジ・キャンパスは、市内中心部から車で20分ほどの場所にある。この2館は内部で繋がっており、自由に行き来が出来るようになっている。なお、筆者の専門はベトナム研究だが、今回幸運にもシンガポール国立大学での短期研修の機会を得た。したがって、専門的な蔵書紹介等は参考文献(本稿末尾参照)に任せ、短期間の滞在での利用方法に絞ってレポートしたい。

●……………利用方法

　まず、事前に氏名・所属・利用目的・利用期間を明記の上、askalib@nus.edu.sgへ連絡し、入館許可を得る。対応は迅速。短期利用の研究者・学生の場合、無料で入館できるが、貸出等に必要なIDは取得できない(シンガポール在住者等に向けた年間メンバーシップサービスも提供しているが、こちらは有料)。

　出入口は4階にあるため、入館の際には1階からエレベーターを使うと簡単。受付にスタッフが常駐しているので、入館許可を得たメールを印刷したものと、パスポートなどの身分証明書を合わせて提示する。

　館内のPCから「FindMore@NUSL」という検索システムを利用すると、蔵書だけでなく、NUSが契約している各データベース内も一括で検索できる。ただし、短期利用の場合にはIDが無いため内容までは閲覧できない。蔵書のみを検索する場合には、「LINC (NUS Library INtegrated Catalogue)」を選択すればよい。なお、これらの検索システムは館外からでも利用できる。選択した引用形式で検索結果を出力し、印刷もしくは指定のメールアドレスへ送信できるため、大変便利。

　検索結果に「AVAILABLE」と表示された資料は、開架書庫で自由に閲覧できる。マ

イクロフィルム・マイクロフィッシュ・視聴覚資料・閉架書庫の図書等は「REQUEST ITEM」と表示される。IDが無い場合、システムからのリクエストはできない。資料番号をメモして4階の貸出デスクへ向かい、短期利用者である旨と氏名を伝えると、リクエストを受け付けてくれる。あとは、指定された時間帯に資料を受け取りにい

シンガポール国立大学中央図書館外観

けばよい。また、メールアドレスを伝えておけば、用意が出来次第連絡してくれる。

複写したい場合、5階にコピー機が設置してあるので利用するとよい。料金は1ページあたり3セント。コインまたはEZリンクカードという電子マネーでの支払いに対応している。EZリンクカードは空港、駅、コンビニエンスストアなどで購入でき、MRTやバスの運賃、様々な店舗での支払いなどにも利用できる。

開架書庫の図書は、随所にある返却コーナーに置いておけばよい。貸出デスクで借りたものは、貸出デスクに返却する。

● ⋯⋯⋯⋯**所蔵資料**

5階には、「シンガポール・マレーシアコレクション(The Singapore/Malaysia Collection)」、レファレンス資料、定期刊行物、華語図書館への連絡通路、セルフコピー・コーナー、インフォメーション・サービスがある。

「シンガポール・マレーシアコレクション」には、同地域に関連する一次資料・一般図書・学位論文が集められている。自由に読むことができるが、コレクション外へ持ち出すことはできない。コピーは可能。華語図書館には、53万冊の華語資料に加え、2012年10月に中央図書館から移管された日本語資料も所蔵されている。

4階には、新刊書コーナー、マイクロフィルム・マイクロフィッシュ閲覧コーナー、視聴覚資料閲覧コーナー、PCコーナー、貸出デスクがある。

3階は一般図書が配架されている。英語の書籍を中心に、各国語の書籍が図書分

類法に従って並んでいる。

◉……………………**食事処**

最も便利なのは、人文社会科学部の食堂である。図書館から渡り廊下を通って3分ほどの場所に、中華、マレー、インド、日本、など各種料理の店舗が集合している。その他にも、キャンパス内には数多くの食堂があり、どこも選択肢は豊富で価格は手頃。工学部の食堂で飲める「Campus Best Milk Tea」は、甘いけれど美味しい。

[富塚あや子]

●参考文献等
シンガポール国立大学図書館ウェブサイトFAQ http://libfaq.nus.edu.sg/
戸田賢治．2005．「シンガポールにおける資料収集と留学案内」『日本マレーシア研究会会報』33: 24-28.
水島司．1991．「シンガポール国立文書館、国立図書館、国立大学収蔵資料とその利用について」『アジア・アフリカ言語文化研究所通信』73: 38-50.

インフォメーション	
Webサイト	http://libportal.nus.edu.sg/frontend/index（英語）
住　所	12 Kent Ridge Crescent, 119275, Singapore
電　話	(+65)6516-6666
開館日時	月〜金［8:30 〜 17:30］ 土・日・祝［休］
閲覧（学期中）	月〜金［8:00 〜 22:00］ 土・日［9:30 〜 16:30］ 祝［休］
閲覧（長期休暇期間中）	月〜金［8:30 〜 19:00］ 土［10:00 〜 17:00］ 日・祝［休］
アクセス	MRTの最寄り駅は複数あるが、筆者はCircle LineのKent Ridge駅を利用した。中心部から約30分。駅からは、95番またはA1番のバスに乗り、約10分で中央図書館の目の前に着く。なお、A1番は無料のキャンパス循環バスである。その他の交通手段についても、図書館ウェブサイトで詳しく紹介されている。（http://libportal.nus.edu.sg/frontend/ms/central-library/about-central-library/getting-to-central-library）
入館・閲覧に必要なもの	事前に氏名・所属・利用目的・利用期間を明記の上、askalib@nus.edu.sgへ連絡し、入館許可を得る。入館時には、このメールを印刷したものと、パスポートなどの身分証明書を合わせて提示する。

インドネシア国立図書館
National Library of Indonesia
Perpustakaan Nasional Republik Indonesia

　インドネシア国立図書館(現地語表記ではインドネシア共和国国立図書館)は、インドネシア最大の図書館である。インドネシアにおけるISBN(国際標準図書番号)の発行機関であり、納本制度をしいて国内で発行された図書の網羅的な収集を目指している。図書館は、オランダ統治時代に設立された博物館に起源をもち、独立後の組織の改編を経て、1989年の大統領令によって現在の組織へと整えられた。

　国立図書館は、もとは首都ジャカルタのサレンバ・ラヤ通りに位置していたが、2017年9月に中心部のメダン・ムルデカ・スラタン通りに移転した。独立広場の南隣という交

インドネシア共和国国立図書館

通至便な立地に地上24階建てというひときわ目を引く建物であり、高さ126メートルは世界一高い図書館であるという。高層階からは、モナス(独立記念塔)や独立広場周辺の景観を望むことができる。2018年2月の訪問時点では、オープンから間もないということもあり移転作業が完了しておらず、書架が未整理の階もみられたが、徐々に整備が進むと思われる。

◉……………利用方法

　開館時間は、平日が午前8時半〜午後6時、土日が午前9時〜午後6時(祝日は休館)。入り口のロッカーで大きな荷物を預けるが、透明な袋に入れればPCなどを持ち込むこともできる。館内ではWi-Fiに接続が可能である。

　入館、資料の閲覧だけならば、利用者登録は必須ではない。ただ、利用者登録を

すれば、ウェブサイト上のオンラインコンテンツの利用などができるようになる。利用者登録は、図書館の2階の端末を利用して行うことができる(身分証＝パスポート番号が必要)。登録は図書館のウェブサイトからでも可能であり、登録を事前に済ませて2階のカウンターでカードを受け取ることもできる。

● ……………… 収蔵資料

入ってすぐの建物は展示ギャラリーとなっており、古ジャワ語で書かれたジャワのシンゴサリ、マジャパヒト両王国の年代記である『パララトン』やイスラム教の聖典『コーラン』など、インドネシアの多様な歴史を示す文字や資料の展示がある。

本館壁面

ギャラリーを抜けると、本館がある。壁面には、アラビア文字、漢字、ローマ字による5つの言語でインドネシア国立図書館と書かれており、多文化・多言語の社会を象徴している。

主なフロア別の構成は以下の通りである。

2階：会員登録
4階：展示用スペース、食堂
7階：児童書と子ども用スペース
8階：視聴覚資料(インドネシア映画などのDVD、新聞資料などのマイクロフィルム)
9階：写本資料
14階：貴重書資料
15階：参考資料
16階：写真、地図、絵画
19階：マルチメディア

20階：新聞資料
21〜22階：開架図書
23階：外国関係図書
24階：インドネシア関係書の展示、ラウンジ

　資料は広く散在しているが、OPACによる検索を行うと図書館内の所蔵情報が表示されるので、その階に行けばよい。各階にはスタッフがおり、資料に関する問い合わせに対応してもらえる。
　所蔵資料のうち、研究者にとって貴重なのは、写本や歴史的な史資料であろう。8階の視聴覚資料のなかのマイクロフィルムには、オランダ領時代の新聞などが含まれている。9階の写本のなかにはインドネシア各地の様々な言語のものがあり、カタログも備えられている。それらの写本はデジタル化が進められており、フロアに用意された専用の端末からアクセスすることができる。
　検索のデータベースとしては、国立図書館のOPACのほかに、インドネシア国内の出版物のデータベースである「インドネシア国内文献目録(Bibliografi Nasional Indonesia)」にウェブサイトからアクセスすることもできる。
　図書館はデジタル化にも注力している。ウェブサイトのデジタル・コレクションのページでは、マニュスクリプト(ロンタルといわれる椰子の葉を使用した写本や、王朝時代の宮廷やイスラムに関するさまざまな写本)、地図(オランダ領時代のものなど)、マイクロフィルム(新聞資料が中心)などが紹介され、その一部を見ることができる。「インドネシア関係資料(Indonesiana)」のページでは、「デジタル・バタヴィア(Batavia Digital)」として、オランダ植民地期の地図、写真、映画、絵画、音声資料などをみることができるほか、インドネシアの寺院、映画、文学などの紹介ページがある。このほかにも、同館が所蔵する電子書籍をスマートフォンから閲覧できる「iPusnas」というアプリもある。
　また、同図書館が中心となった検索システム「One-Search(http://onesearch.id/)」は、インドネシア国内の諸大学や文書館の資料の横断検索システムであり、書籍のみならず雑誌、論文、報告書など多様な媒体の535万件のエントリーがある。国立

街の中心にそびえる独立記念塔(モナス)

図書館は、インドネシアの図書館の中心というだけではなく、資料のデジタル・ネットワークの中心にもなっているといえよう。

● ……………… その他

4階の食堂では簡単な食事ができる。周辺は官庁街であるが、近くのアグス・サリム通りを南に下っていけば食堂はたくさんある。　　[坪井祐司]

ジャワ島中部の世界遺産ボロブドゥール寺院

ボロブドゥール寺院全景

インフォメーション	
Web サイト	http://perpusnas.go.id/（インドネシア語） http://perpusnas.go.id/?lang=en（英語）
住　　　所	Jalan Medan Merdeka Selatan No.11, Daerah Khusus Ibu Kota Jakarta 10110
電　　　話	(+62)800-1737787
開館日時	月〜土 [8:30〜18:00] 日 [10:00〜18:00] 祝 [休]
アクセス	市内のバス・トランスジャカルタのコリドー2の停留所 Balai Kota が最寄り。
入館・閲覧に必要なもの	なし

南アジア

SOUTH ASIA

・デーシュ・バガト・ヤードガール・ライブラリー

・インド国立文書館
　ネルー記念博物館図書館

・マハーラーシュトラ州公文書館プネー分館

500km

インド国立文書館
National Archives of India
राष्ट्रीय अभिलेखागार

文書館外観

インド国立文書館は、18世紀以降のインド行政に関係する未刊行資料を所蔵する大規模な公文書館である。イギリス東インド会社文書、イギリス植民地期インド政庁文書、独立後のインド政府文書などの公文書を中心的に所蔵しているが、いくつかの私文書のコレクションも有している。インド国立文書館の前身であるインペリアル・レコード・ディパートメント(Imperial Record Department)は、行政資料の管理と保存とを目的として1891年に当時の英領インドの首都であったコルカタに設置された部局であった。その後、1911年のデリー遷都に伴ってインペリアル・レコード・ディパートメントも徐々に行政機構のあるデリーへと移され、1947年のインド・パーキスターン分離独立後にはインド国立文書館と改称されて、現在に至っている(D. A. Low, J. C. Iltis and M. D. Wainwright (eds.), *Government Archives in South Asia: A Guide to National and State Archives in Ceylon, India and Pakistan*, Cambridge: Cambridge University Press, 1969, p. 32)。

● ·················· **所蔵資料**

インド国立文書館の所蔵資料については、紹介書籍が多数出版されている(D. A. Low, J. C. Iltis and M. D. Wainwright (eds.), *Government Archives in South Asia: A Guide to National and State Archives in Ceylon, India and Pakistan*, Cambridge: Cambridge University Press, 1969; National Archives of India (ed.), *Guide to the Records in the National Archives of India*, New Delhi: National Archives of India, 11 vols., 1959-1992. など)。資料を探す際には、こうした書籍を参照しながら文書館訪問前にインドの過去の行政機構を確認し、どの部局でどのような事項が扱われていたのかを調べるとよい。国立文書館は基本的に国レベルで取り扱われた案件について文書を残しており、州以下のレベルで取り扱われた案件は州立文書館など地方に記録が残っている場合もあるので、注意が必要である(州以下のレベルで取り扱われた案件も、国レベルまで報告があがって国立文書館にて書類が残っている場合もある)。リサーチ・ルームには行政機構の各部局関係資料のインデックスが配架されているので、インデックスを見ながら各自の関心にしたがって個別の書類を見つけ、閲覧請求をする流れになる(インデックスが閉架資料になっている場合は、インデックス自体を閲覧請求する。適宜アーキビストに相談するとよい)。

また、ここ数年インド国立文書館の資料検索サービス(Abhilekh Patal：http://www.abhilekh-patal.in/jspui/)は著しい進化を遂げているため、資料探しの際には同ウェブページも活用すべきだろう。以前はリサーチ・ルーム内のパソコンからしか資料検索が行えなかったが、今は世界のどこからでも資料検索が行えるようになったうえ、ウェブサイト上で公開される資料も日々増えてきている。文書館訪問前にウェブサイト上から検索を行って、閲覧希望資料の見当をつけておくとよいだろう。資料検索サービスの利用アカウントは無料で作成することができ、デジタル化された資料を閲覧することも可能である。

資料は、平日の10時、12時半、15時の3回のタイミングにて出納される。1回の出納タイミングに対して10件まで資料を請求することができるため、毎回の出納タイミング前に請求を行えば1日30件まで資料を請求することが可能である。平日15:00以降や土曜日は新たに資料を出納してもらうことはできないが、既に出納された資料を閲覧したり、閲覧請求書類を提出したりすることは可能である(提出した閲覧請求書類は次の出納のタイミングに回収され、出納が行われる)。筆者が日常的に国立文書館を利用していた2014〜2017年当時は、入館時には文書館の建物の手前にあるゲートにて身分証明書を提示して1日分の入館証を発行してもらうシステムになっており、土曜日に入館を希望する際には前日までにリサーチ・ルームにて土曜日分の入館証を申請しておく必要があった。入館方法や開館時間は今後も変更さ

れる可能性があるので、その都度確認するようにすると間違いがない。

　請求資料はすぐに出納されるものもあれば、「調査中」、「修理中」、「リサーチ・ルーム内にあり（他の利用者が利用中）」などとして出納されないものもある。閲覧請求をした記録を手元に残しておいて、なかなか閲覧できないものについてはアーキビストに適宜相談するとよい。出納された資料は「何月何日まで動かさないでください」などのメモ書きを添えて壁際の棚に置いておき、数日かけて閲覧することができる。出納された資料を一度返却すると1か月ほどは再出納できないため、注意が必要である。

　コピー料金の支払いは会計窓口にて行う。会計窓口受付時間は月曜日～金曜日の10:00～13:00および14:30～16:30と限られているので、利用時には注意が必要である。

● ……………… **その他**

　入館・閲覧にはパスポートのコピー、大学など所属研究機関からのレター、在インド日本大使館など在インド日本公館発行のレターが必要である。また、在インド日本公館でレターを発行してもらうためには、パスポートのコピーと所属機関から公館に宛てた推薦状を別に用意する必要がある。公館からレターを発行してもらうためには通常数日かかるが、訪問前に公館に連絡をいれてメールで必要書類を送付することで、訪問時にすぐレターを受領できる場合もある。事前にメールや電話で公館に事情を説明し、便宜を図ってもらえないか相談してみるとよい。

　文書館のリサーチ・ルームの近くには、バープー・コレクション（Bapu Collection）という名前の冠された図書館エリアがある。ここでは植民地期にインド政庁から刊行された報告書類など刊行資料を幅広く閲覧できるため、文書館と併せて活用するとよいだろう。

　文書館のリサーチ・ルームでも図書館の閲覧室でも、PCは持ち込み可能、カメラやスキャナーは持ち込み不可能である。コピーは外国人料金が設定されており、紙のコピーに1枚6ルピーかかる。コピー申請時には自身の登録番号（enrollment number）が必要なので、利用登録時に番号を控えておくとよい。コピー・セクションが混み合っている際にはコピー請求の回数や枚数に制限がかかったり、受け取り

までに数か月かかったりすることもあるので、適宜担当者に状況を確認するとよいだろう。

［水上香織］

文書館周辺に暮らす野生の猿

インフォメーション

Webサイト	
文書館の概要説明ページ	http://www.nationalarchives.nic.in/ （英語）
所蔵資料の検索ページ	http://www.abhilekh-patal.in/jspui/ （英語）
住　　　　所	National Archives of India, Janpath, New Delhi, 110001, India
電話（リサーチ・ルーム）	(+91)11-23073462
Ｆ　ａ　ｘ	(+91)11-23384127
Ｅ-ｍａｉｌ	archives@nic.in
開 館 日 時	月〜金［9:30 〜 20:00］ 土［9:30 〜 17:30］ 日［休］
ア ク セ ス	地下鉄のイエロー・ラインあるいはバイオレット・ラインのセントラル・セクレタリアト（Central Secretariat）駅から約1キロ。インド政府関係のオフィスが集まるシャーストリー・バヴァン（Shastri Bhawan）の隣、インディラー・ガーンディー 国立芸術センター（Indira Gandhi National Centre for the Arts）の向かいに位置する。文書館前にはバス停留所もあるが、デリー市街地は渋滞が激しいため、バスを移動手段にする際には時間に余裕をみておいたほうがよい。
入館・閲覧に必要なもの	本文参照のこと。

ネルー記念博物館図書館
Nehru Memorial Museum and Library
नेहरू स्मारक संग्रहालय एवं पुस्तकालय

ティーンムールティ・バヴァン

　ネルー記念博物館図書館(Nehru Memorial Museum and Library: NMML)は独立インドの初代連邦首相であるネルー(Jawaharlal Nehru, 1889～1964年)の邸宅として用いられていたティーンムールティ・バヴァンを改装し設立された研究・参考調査図書館である。植民地からの独立を成し遂げたインドは新生国家の建設に取り組み、現在のインドの発展の礎を構築していった。ネルーを記念する本館は、近現代インドに関する社会科学・人文科学研究書、並びに一次資料の所蔵の豊富さで知られる。研究部門も置かれており、セミナーの開催やオケージョナル・ペーパーズの刊行等も行われている。NMMLはその重要性から時に運営体制が政治的話題となるほどである。現代インドを研究する者にとって先ずもって調査すべき図書館の一つであることは疑い得ないだろう。

● ……………… 所蔵資料

　2015～16年度の年次報告書によれば本館の蔵書数は約28万点である。2018年3月の収書・目録担当図書館員へのインタビューによれば、近年は英語資料のみならず、ヒンディー語をはじめとする現地語による研究書の収集も増加傾向にある。図書の分類については基本的にDDCを元に分類されるが、ネルーをはじめとする歴

代首相関連図書や文学者などをまとめて排架するため、コロン分類法を応用した著者記号を併せて用いている。

　所蔵資料には1920年にワーラーナスィーで刊行を開始し、インド独立運動、並びにヒンディー語の普及・拡大において大きな役割を果たした『アージ(Aj)』など、歴史的に重要な定期刊行物も含まれている。これらの資料の一部はマイクロフィルム・マイクロフィッシュ化されており、2階に設置されたマイクロフィルムリーダーで閲覧が可能である。図書館資料の概要については、下記のウェブサイトを参照のこと (http://nehrumemorial.nic.in/en/library.html)。

インド独立時のネルーの議会演説(ヒンディー語訳)を刻んだ石碑

　特筆すべきは、「文書館 archives」に所蔵される団体・個人の一次史料である。2018年11月現在、「団体コレクション(Institutional Collections)」としては政党、組合、協会など120の項目が立てられている。いずれもインド近現代史上重要な団体・機関の一次資料である。一部についてはより詳細な目録が公開されている。「個人コレクション(Individual Collections)」としては971の項目が立てられている。ここには政治家のみならず、研究者、文筆家、社会活動家なども含まれている。

　文書館は関連する各機関と連携しながら資料基盤の構築を行っている。その中には、全インド国民会議派委員会のような全国的な組織のみならず、デリー警察の供述調書など行政の末端資料、あるいは旧インド省図書館(ロンドン)や旧東ドイツ中央文書館(ポツダム)など国外から収集した資料も含まれている。

　文書館資料は、別個に設けられた史料閲覧室(manuscript reading room)において閲覧が可能である。所蔵するマニュスクリプトの概要については"NMML manuscripts: An Introduction" (New Delhi: Nehru Memorial Museum and Library), 2003. が刊行されている。本書は公式ウェブサイト上でもpdfファイル形式で公開されて

いる（http://nehrumemorial.nic.in/images/nmml_manuscripts.pdf）。本書の刊行後も前連邦首相のマンモーハン・シンの文書など、文書資料の収集は継続的に行われている。

　文字資料に加え、写真やオーラル・ヒストリーについても収集が行われている。前者については写真部門で整理保存が行われている。ここにはネルー訪日時の写真なども含まれている。後者としては1962年以降、1,300名を超える人物の聞き取りが行われた。現在では最後のイギリス人インド総督であったマウントバトンなど800名以上のトランスクリプションが史料閲覧室で利用可能となっている（http://nehrumemorial.nic.in/en/oral-history.html）。

● ……………… **利用方法**

　NMMLはインド以外の外国籍の研究者にも開かれている。教員、大学院生など、それぞれの利用資格に応じて必要となる照会状が異なるので、訪問前に申請様式を確認することが求められる。2018年2月の規定によれば、図書室利用料金は1週間まで500ルピー、2ヶ月まで1,000ルピー、1年間まで5,000ルピーである。マイクロフィルムからの複製、資料の複写についても詳細に料金が定められている。

　文書館資料の利用については、別途、所属する学術機関からの紹介状（研究テーマを記載のこと）、在インド公館からNMML館長宛の紹介状、およびパスポートが必要である。特に在デリー日本大使館などでの紹介状取得には数日を要する。日本からの渡航の際には、事前に大使館に連絡、相談しておくことが望ましいだろう。NMML利用規則とアーカイヴズについては、それぞれhttp://nehrumemorial.nic.in/en/library/rules-regulations.html、http://nehrumemorial.nic.in/en/archives.htmlを参照してほしい。

● ……………… **アクセス・利用時間など**

　NMMLはデリー・メトロの最寄り駅（ウディヨーグ・バヴァン駅）からは2km程離れている。バスを利用するか、あるいはオートリクシャー、タクシーなどで「ティーンムールティ・バヴァン」、「ネルー・ミュージアム」など直接指定して向かうのが便利であろう。

　図書室は日曜・祝日を除く、月〜金曜9:00〜20:00（11〜2月までは19:00まで）、土曜9:00〜17:30が利用時間となっている。1階奥に通常資料の複写スペースが有る。

図書館2階のマイクロフィルムリーダーは午前・午後のシフトに基づく予約制である。またマイクロフィルムリーダー利用の際は1時間につき15分間のインターバルが求められるので、余裕を持ったスケジュールを立てることが必要となる。

NMML正面の案内板

　史料閲覧室の利用時間は、月〜金曜9:00〜17:30である。閲覧室にはより詳細なハンドリストが備え付けられている。出納は定められた時間に行われ、史料は取り置きが可能である。

　政府施設の立ち並ぶエリアということもあり、周辺の飲食施設は限られている。キャンティーンで軽食をとるか、あるいはダッバーなどに詰めたお弁当を持参することになるだろう。NMMLには庭園、博物館、並びにプラネタリウムが併設されている。調査に疲れたときには立ち寄ってみるのも良いだろう。　　　　［足立享祐］

インフォメーション

Webサイト	http://nehrumemorial.nic.in/en/（英語） http://nehrumemorial.nic.in/hi/（ヒンディー語）
住　　所	Teen Murti Bhawan, New Delhi, 110011, India
電　　話	(+91)11-23794407
開館日時	
図書室	月〜金［9:00〜19:00／20:00］土［9:00〜17:30］
史料閲覧室	月〜金［9:00〜17:30］
アクセス	オートリクシャー、タクシーなどで「ティーンムールティ・バヴァン」、「ネルー・ミュージアム」など直接指定して向かうのが便利
入館・閲覧に必要なもの	所属機関からの紹介状（研究テーマを記載）、在インド公館からNMML館長宛の照会状、パスポートなど（身分・利用する閲覧室によって書類が異なるため事前に確認のこと）
その他	利用条件、時間等については随時変更の可能性がある。最新の情報については、利用前に必ず公式ウェブサイトを参照されたい。（いずれもリンク先は2018年11月1日現在）

マハーラーシュトラ州公文書館プネー分館
Pune Archives, Directorate of Archives, Government of Maharashtra
पुणे पुरालेखागार, पुराभिलेख संचालनालय, महाराष्ट्र शासन

マハーラーシュトラ州公文書館プネー分館入口

プネーはインド西部・マハーラーシュトラ州においてムンバイーに次ぐ第2(インド全体では第9番目)の都市である。特に18世紀にマラーター帝国の宰相(Peśvā)府が置かれて以降、インド西部の政治と学問の中心地として大きく発展した。東洋のオックスフォードとも呼ばれる同市内には、数多くの著名な図書館・文書館が存在するが、今回は歴史研究において重要な公文書館を紹介する。

マハーラーシュトラ州公文書館プネー分館は、現在、州公文書館の「分館」として位置づけられているが、一般には歴史的経緯からペーシュワー文庫(Peśvā Daftar)と呼び習わされている。第三次マラーター戦争の結果、1818年にマラーター領の大部分を併呑したイギリスは、現地社会に保持されていた様々な記録文書を収集・継承した。植民地統治の推進に於いて官僚たちが求めたのは、税務に関わる記録、特に土地所有に関する文書であった。中核を構成するのは、恩給調査委員会(Inam Commission)の調査に基づき1863年に設立された土地譲渡局(Alienation Office)資料である。

20世紀初頭にかけてのインド歴史学の発展の中で、これらの資料は歴史記録としての重要性を見いだされるに至った。プネーにおける重要な歴史研究機関であるインド歴史研究協会(Bhārat Itihās Sāśodhak Maṇḍal)の支援の元、これら資料の調査、整備が進められた。当時の状況については"Indian historical records commission :

proceedings of meetings", vol. III (Calcutta : Superintendent Government printing), 1921. などで窺い知ることが出来る。

現在の建物は1891年に設立されたもので125年を越える。最後の宰相（ペーシュワー）バージーラーオ2世（Bājīrāv II, 1775-1851）の土曜宮（Śanivārvāḍā）にマラーター行政文書が置かれていた際、大火によって被害を受けたことから、現在の建物には防火施設が備え付けられている。

◉••••••••••••••••••••所蔵資料

ペーシュワー文庫が所蔵するマラーティー語資料は、中世から近代にかけてのインド社会を研究する上で多くの手がかりを与えてくれる。日本においても深沢宏、小谷汪之、小川道大らにより、これら資料を用いた優れた研究が行われてきた。

コレクションの約80％が中近世に用いられた書体であるモーディー文字などで書かれたマラーティー語を中心とする文書である。これらは包布（rumāl）で管理されている。ファイル数は3万9,000にのぼる。英語資料も15％程、約9,000ファイルを所蔵している。これらは植民地期初期に置かれたデカン長官職やサルダール担当官の報告書ならびに税務に関するファイルが中心である。マハーラーシュトラ州公文書館ウェブサイトでは、現地語史料は http://maharashtraarchives.org/（最終閲覧日2017年3月30日）によれば以下のように分類されている。

No.32にあるRozkird(rōjkīrd)は目録を指す。ペーシュワーらの日録については選集が刊行されている。*Selections from the Satara Rajas' and the Peshwas' Diaries, prepared by the late Rao Bhadur G. C. Vad and published by the Poona Deccan Vernacular Translation Society, Volumes I to IX*, 1906-1911. その他の文書も社会経済史の分野に於いて重要な資料である。No. 37からNo. 42およびNo. 53からNo. 54にある Prant Azmas(prānt ajmās)は地方誌、No. 43にあるPaga(pāgā)は軍馬に関わる記録である。またJamav(jamāv)は中央の記録とは別に、郷主(dēśmukh)など世襲村役人、ワタンダール(vatandār)と呼ばれる職分・得分を持つ人々によって保持された文書を集成したものである。

これら所蔵資料の内容については、やや情報が古くなっているが、Sardesai, G.S. (comp.), *Hand book to the records in the Alienation Office, Poona* (Bombay: Printed at the Govt. Central Press, 1933.)によっても確認することが出来る。所蔵資料については、ボン

所蔵現地語史料

Sr.No	Name of Section	No. of Rumals	Sr.No	Name of Section	No. of Rumals
1	Karnataka Jamav	1834	32	Peshwa Rozkird	780
2	Solapur Jamav	882	33	Ghadni	771
3	Karnataka Jamav	110	34	Prant Azmas, Pune	583
4	Inam Commission Enquiry	920	35	Prant Azmas, Nagar	506
5	Inam Commission Enquiry S.D.	92	36	Prant Azmas, Khandesh	245
6	Pune Jamav	1809	37	Prant Azmas, Satara	250
7	Khandesh Jamav	146	38	Prant Azmas, Satara	221
8	Nagar Jamav	2869	39	Prant Azmas, North Kokan	2015
9	Moglai Jamav	290	40	Prant Azmas, South Kokan	620
10	Satara Jamav	1991	41	Prant Azmas, South Kokan	349
11	Panchmahals	187	42	Prant Azmas, Hindustan	205
12	Kokan Jamav	567	43	Paga	694
13	Hindustan Jamav	71	44	Inam Commission enquiry.	41
14	Sachiv Jamav	38	45	Angre	761
15	Gujarat Jamav	83	46	Agent (Court)	69
16	Chitnishi	131	47	Hal Amal	55
17	Chitnishi	126	48	Pahani Kharda	299
18	Satara Maharaja	3994	49	Gujarat Daftar	106
19	N.D.'s Records	304/47	50	Patan Dumaldars	62
20	Jakat	158	51	Budgaon Daftar	195
21	Pahani Kharda	24	52	Janjira	125
22	Hak Commission	103	53	Prant Azmas, Gujarat	116
23	Deccan Commissioner	171	54	Prant Azmas, Moglai	187
24	Agent for Sardar	69	55	F. Patrak	203
25	Persian Record	70	56	Selected papers for further Research	59
26	Jamabandi	453	57	Miscellaneous	72
27	Amantadars	104	58	Aundh	202
28	Pathake Lashkar	268	59	Brahmanal and Vaidya Daftar	13
29	Pre 1857	217	60	Returnable Papers	505
30	Paimash	219	61	Amal and Dumal	20
31	Shahu Daftar	56	62	Bhor Tahasil Record	24

　ベイ州政府により、1930年代に45巻からなる『ペーシュワー文庫選 *Selections from the Peshwas Daftar*. Edited by G.S. Sardesai, Volumes 1 to 45, 1930-1934』が刊行され、また1957年、1962年に新シリーズとして『ペーシュワー文庫新選 *Selections from Peshwas Daftar* (*New Series*), Edited by P. M. Joshi』が編纂されている。
　ペーシュワー文庫は「生きたアーカイヴズ」でもある。土地をはじめとする家産を

関わる紛争などにおいては、歴史的記録の閲覧ならびに証明のために利用されることもある。公文書館はこれら史料を保管するだけでなく、修復・保存作業も重要な責務の1つである。

● ・・・・・・・・・・・利用方法

利用の際には所定の様式による登録が求められる。インド国籍以外の研究者が公文書館を利用する

公文書館における資料保存の様子

際には、身元を証明する在インド大使館・領事館からの紹介状が必要とされるので、事前に準備しておくことが望ましい。なおこの点はムンバイーにある本館も同様である。

出納は、現地閲覧室内に史料リストが備え付けられており、リクエスト・スリップに史料番号を記入して行う。複写については別途、担当官への依頼と決裁が必要となる。開館時間は基本的にマハーラーシュトラ州官公庁のスケジュールに沿っている。ただし、文書整理、清掃などによって開室時間は変動することがあるので、現地で随時確認されたい。

[足立享祐]

インフォメーション	
Webサイト	http://maharashtraarchives.org/index.html（英語、マハーラーシュトラ州公文書館局）
住　　　所	Pune Archives（Peshwa Daftar） 12 Bund Garden Rd.（opp. Council Hall）, Agarkarnagar, Pune 411001, India
電　　　話	(+91)20-612-73-07
E-mail	punearchives@gmail.com
開館日時	基本的にマハーラーシュトラ州官公庁のスケジュールに沿う。ただし、文書整理、清掃などによって開室時間は変動することがあるので、現地で随時確認されたい。
アクセス	Pune Junction駅からは約1km程度である。地理に不案内な場合は、タクシー、もしくはリクシャーで「Bund Garden Road」に向かうのが便利である。
入館・閲覧に必要なもの	パスポートのコピー、所属する学術機関、ならびに在インド公館からの紹介状を添えて利用申請書を提出する。州政府から正式に許可が下りるまでは数日を要する。在インド日本公館でレターを発行してもらうため、事前にメールや電話で事情を説明しておくと、比較的スムーズに書類を準備することができるであろう。

デーシュ・バガト・ヤードガール・ライブラリー
Desh Baghat Yadgar Library
ਦੇਸ਼ ਭਗਤ ਯਾਦਗਾਰ ਲਾਇਬ੍ਰੇਰੀ

● ・・・・・・・・・・・・・・・・・・・・ デーシュ・バガト・ヤードガール・ライブラリーとガダル運動

　デーシュ・バガト・ヤードガール・ライブラリーは、ガダル運動とよばれるインド民族運動の参加者たちが、1960年代に自分たちの活動を記念するべく建設した私営図書館である。図書館の来歴とも深く関わるため、まずはガダル運動の概略を以下に述べることにしたい。

　ガダル運動の中心地はカナダのバンクーバーやアメリカ合衆国のサンフランシスコといった北米太平洋岸であり、参加者となったのはインドからの留学生、労働移民、インドから亡命した政治活動家たちであった。参加者の多くはインドのなかでもパンジャーブ出身者が多かったことでも知られている。サンフランシスコの本部では1913年以降革命思想を伝える週刊新聞『ガダル(*Ghadar*)』が発行され、北米、アフリカ、東アジア、中南米、東南アジア、そしてインド本国に居住するインド人たちへと送付され、運動の参加者や資金、武器が集められた。「ガダル」はヒンドゥスターニー語、パンジャービー語の普通名詞で「反乱」を意味するが、1857年のインド大反乱(Ghadar of 1857)を再度起こそうという含意のある命名でもあったという。実際に、1915年2月に運動の参加者たちがインドへ集団帰国し、ラーホールにて兵営反乱を企てたが、イギリス当局に事前に情報を把握されており反乱は失敗に終わっている。1917年にアメリカ合衆国政府によって行われたガダル運動関係者の一斉検挙とその後の印独共同謀議裁判(The Hindu-German Conspiracy Case)に運動は打撃をうけ、それ以後目立った反乱計画は見られなくなっていった。(詳細は次の研究を参照のこと。 A. C. Bose, *Indian Revolutionaries Abroad, 1905-1922: In the Background of International Developments*, Patna: Bharati Bhawan, 1971; Harish K. Puri, *Ghadar Movement: Ideology, Organisation & Strategy*, Amritsar: Guru Nanak Dev University, 1983.)

　デーシュ・バガト・ヤードガール・ライブラリーの運営を行っているデーシュ・

バガト・ヤードガル・コミッティーは、元々はガダル運動参加者の家族を扶助するためにつくられた財団であった。ガダル運動参加者たちは投獄をされたり財産を差し押さえられたりするリスクを負っていたため、彼らの家族を経済的に助ける組織が必要とされたのである。1947年のインド独立後も財団は運動を記念するものへと目的を変えて存続し、現在に至っている。1957年12月以降、かつてのガダル運動参加者たちが出資し、イギリスやカナダに居住するパンジャーブ出身者たちにも寄付を募る形で資金が集められ、ガダル運動の記念施設であるデーシュ・バガト・ヤードガル・ホールが建設された（Darshan Singh Tatla (ed.), *Desh Bhagat Yadgar Library: A Guide to Collections of Manuscipts, Personal Testimonies, Letters, Periodicals and Archival Materials on the Ghadar Movement*, Jalandhar: Desh Bhagat Yadgar Committee, 2013, pp. 2-3.）。

デーシュ・バガト・ヤードガル・ホール

デーシュ・バガト・ヤードガル・ホールの外観を別の角度から撮ったもの。右側には屋外広場が広がっている。

　デーシュ・バガト・ヤードガル・ホールは、およそ900名収容できる大規模なオーディトリアム、2つのセミナー・ホール、図書館、ミュージアム、本屋、宿泊スペース、屋外広場などから成る複合施設である。セミナー・ホールや屋外広場は頻繁にイベント等に貸し出されており、施設はそうした不動産収入や寄付金によって運営されている。『ガダル』の初号が発行された11月1日ごろには、毎年数日間

にわたってガダル運動を記念したお祭りが開催されている。

● ……………… **所蔵資料と利用方法**

デーシュ・バガト・ヤードガール・ライブラリーにはガダル運動の関係者によって寄贈された資料や、1970年代に行われた関係者への聞き取り調査の記録が残されているが、最近まで資料を整理するライブラリアンがいなかったため、由来や所在が不明な資料も

毎年開催されるガダル運動記念祭の準備時の写真。ボランティアたちがオーディトリアムを飾り付けている。

多い。所蔵資料について紹介する書籍も出版されているが(Darshan Singh Tatla (ed.), *Desh Bhagat Yadgar Library: A Guide to Collections of Manuscripts, Personal Testimonies, Letters, Periodicals and Archival Materials on the Ghadar Movement,* Jalandhar: Desh Bhagat Yadgar Committee, 2013)、書籍中に記載があって図書館で所在不明になってしまっているものや、書籍中には記載されていないが実際には図書館で所蔵されている資料もある。同書籍よりもライブラリアンの作成した所蔵リストのほうが実際の所蔵状況を反映しているため、資料を探す際にはこのリストを共有してもらって使用するとよい。2018年9月現在ライブラリアンは不在であるが、前ライブラリアンであるマダム・バルウィンダル (Madame Balwinder, bbansal14@gmail.com)が所蔵資料については最も詳しいので、質問があるときには彼女に連絡するとよいだろう。

　コピーは1枚1ルピーで行ってもらえるほか、コピーが大部になる場合には製本も手配してもらえる。カメラやPCの持ち込みも可能だが、カメラを用いて資料の写真撮影を希望する場合には、事前にその旨を申し出て、許可を得ることが望ましい。資料によってはデジタル化されているものもあり、交渉次第ではデジタルファイルを共有させてもらえることもある。

● ……………… **出版物**

　デーシュ・バガト・ヤードガール・コミッティーは出版事業も行っており、施設

内の本屋にて出版書籍を購入することもできる。デーシュ・バガト・ヤードガール・ライブラリーで所蔵されている手書きの資料をタイプ打ちしたものや、ガダル運動に関係する論文集などが販売されている。出版物についてはウェブページからも確認できる。

● ··················· **その他**

　施設利用者のための無料宿泊スペースが併設されているので、宿泊を希望する場合には事前にメールか電話で相談するとよい。宿泊設備は部屋によって異なっているが、どの部屋であっても布団とホットシャワーを利用することができる。ホテルではないので、タオルや石鹸、歯ブラシなどは持参したほうがよい。また、ホール内にはランガル(訪問者に無料で食べ物が施される、スィク教の考えを基にしたコミュニティ・キッチン)があるため、図書館利用時にはそこで昼食をいただくこともできる。図書館内ではWi-Fiも利用可能である。　　　　　　　　　　　　　［水上香織］

インフォメーション	
Webサイト	http://ghadarmemorial.net/library.htm （英語）
住　　　所	Desh Bhagat Yadgar Hall, Near BMC Chowk, GT Road, Jalandhar, Punjab, 144001, India
電　　　話	(+91)181-245-8224
E - m a i l	dbycjal@gmail.com
開 館 日 時	月～土 [9:00 ～ 17:00] 日 [休]
アクセス	鉄道のジャランダル駅からおよそ3キロ、ジャランダルのバスターミナルからおよそ1.5キロの、ジャランダル市の中心部に位置する。鉄道駅やバスターミナルからはオート・リクシャーやサイクル・リクシャーを使うと便利である。リクシャー運転手には「デーシュ・バガト・ヤードガール・ホール、BMCチョークの近く、MBDショッピングモールの向かい」などと伝えると分かりやすい。デーシュ・バガト・ヤードガール・ホールは施設の一部を催事場として貸し出しているため、地元の人々からも催事場のあるところとして広く場所を認識されている。当該図書館はデーシュ・バガト・ヤードガール・ホールに含まれる、施設の一部である。
入館・閲覧に必要なもの	パスポートなどの身分証明書。事前に訪問予定や研究テーマについてメールや電話で連絡をいれておくと、スムーズに入館・閲覧することができる。

西アジア

WEST ASIA

ボアジチ大学図書館
トプカプ宮殿博物館附属図書館・文書館

イスラーム遺産復興センター
マルアシー図書館

イラン国立図書館
マレク国立図書館・博物館
テヘラン大学中央図書館・文書センター

カイロ・アメリカン大学図書館

500km

イラン国立図書館
National Library of I.R. Iran
کتابخانه ملی ایران

　イラン国立図書館(Ketābkhāne-ye Mellī-ye Īrān)は、建設中の集団礼拝施設モサッラー(Moṣallā)の北、テヘランを見下ろせる高台に位置する。同図書館は規模、利用者数ともにテヘランで最大の図書館であり、また貴重な写本を数多く所蔵しているため、研究者にとっても利用する価値の高い図書館である。

　本図書館の略歴を図書館ウェブサイトから抜粋する。ガージャール朝時代のヒジュラ太陽暦1230年(西暦1851年)に、テヘラン市内に学問所(Dār al-Fonūn)という学校が立てられた。この学校は、ヨーロッパから教員を招き、ヨーロッパ式の学問・科学を教えるという、新しいスタイルを持つものであった。そして、1243年にそこに小さな図書館が併設されたのが本図書館の起こりである。さらに、モザッファロッディーン・シャー時代にあたる1276年に科学と文化の普及のために「学術協会(Anjoman-e Ma'āref)」が設立されると、同協会は翌年に学問所の脇に「学術国民図書館(Ketābkhāne-ye Mellī-ye Ma'āref)」(「Mellī(国民)」という名を冠していても、この時点ではイラン政府と関係がなかった)を設立した。1284年にこの学術国民図書館は前述の学問所の図書館と合併された。その後名称変更などを経て、1316年(1937年)に正式に国立図書館となる。現在の蔵書数は約186万点、所蔵写本は28,158点、石版本は2万6,000点以上とされる。

● ················ **利用方法**

　次に、図書館利用のための手続きについて説明する。本図書館を利用するためには、会員証('oẓvīyat)をつくる必要がある。会員証をつくるためには、まず図書館正門にある守衛詰所(会員証をかざして入るゲートがある)でその旨を伝えて必要書類に記入し、パスポートを提示する。それから金・祝日を除く3日程度経つと処理が終わるはずである。再度この詰所を訪れ、守衛に頼んで会員登録部門(edāre-ye 'oẓvīyat)に連絡してもらい、ゲートを抜けて会員登録部門へ向かう。筆者の経験では、書類

イラン国立図書館入口

記入から3日以上経っていたにもかかわらず、再度訪れた際に会員登録部門に書類が届いていなかった。だが、事情を説明し、その場で新たにフォームに記入すると、その場で処理を行ってくれた。

会員登録部門で大学発行の紹介状を渡し、会費を支払う。会費は会員証の有効期間によって異なり、筆者が訪れた時（2015年）は、有効期間が3か月で15万リヤル、

イラン国立図書館の近くにあるテヘランの集団礼拝場（モサッラー）。長年建設工事中で完成していない

テヘランの北の中心地、タジュリーシュ広場。地下鉄1号線の北の終点の近くにある

毎年5月ごろにテヘランのShahr-e Āftābで開催されるブックフェアーの様子

6か月で20万リヤル、1年で30万リヤルであった。支払いを済ませた後、会員証カード発行のオフィスへ移動する。そこで写真を撮ってもらうと、すぐに写真付き会員証カードを発行してくれる。カードが手に入れば、館内はもちろん、写本室の利用も可能になる。

　館内に入ると、まずロッカーで大きな荷物を預けなければならない。カバンや本の持ち込み、持ち出しは注意深くチェックされており、ノート類であっても本ではないかと疑われる程である。混雑する時間帯だと、ロッカーを借りるために行列ができてしまうこともある。また、閲覧用の机や検索用のパソコンも男女でエリアがわかれているので、注意が必要である。なお、図書館敷地内には軽食を販売するスペースや、書店が併設されている。

● ……………… **写本室**

　最後に、写本室の利用について説明する。本図書館写本室はマレク国立図書館に似て、写本の現物の閲覧は基本的に不可能だが、画像データの閲覧やコピーの申請は非常に簡単に行える。写本室は入口から階段を下りたフロアにある。写本室入口で再度会員証カードをかざして入る。まず室内に置かれているパソコンから、見たい写本を検索する。そこで写本の検索番号(shomāre-ye bāzyābī)を見つけ、ひかえる。この番号

は写本カタログに記載されている写本番号とは異なるので注意が必要である。その番号を受付に伝えると同じ端末の「digital book」というフォルダにその写本の画像データを送ってくれる。司書によれば、刊行されている写本カタログ（下記参照）は未完であり、パソコンから検索できる情報の方が充実しているとのことであった。

　コピーを申請する場合、先ほどの検索番号と、コピーしたいページの画像ファイルの番号（フォリオの番号ではない）を申請用紙に記入し、受付に提出する。コピー代金は1画像2,000リヤルであり、申請後15分ほどでコピーをしたCDをくれる。

●………………**写本カタログ**（未完。表記はALA-LC翻字表に基づく）

Fihrist-i nusakh-i khaṭṭī-i Kitābkhānah-i millī-i Īrān (vol. 1-9 or 10?)

Fihrist-i nusakh-i khaṭṭī-i Kitābkhānah-i millī-i Jumhūrī-i Islāmī-i Īrān (vol. 10 or 11-)

　また、本図書館は、イラン国内の写本所蔵情報を網羅した横断カタログを作成している。タイトルは *Fihristigān-i nuskhaḥʹhā-yi khaṭṭī-i Īrān*（略称 *Fankhā*）であり、現在45巻まで刊行されている。これは、これまで研究者たちに用いられてきた横断カタログ *Denā* を情報量で上回るものである。

[水上　遼]

インフォメーション

Webサイト	http://www.nlai.ir/（ペルシア語）
住　　所	Shahid Haghghani Blvd. Tehran, Iran (Tehrān, Bozorgrāh-e Shahīd Ḥaqqānī, Kitābkhāne-ye Mellī)
電　　話	(+98)25-3774197078
Ｆ　a　x	(+98)25-37743437
E-mail	webmaster@nlai.ir
開館日時	
図書館	毎日開館（祝日不明）[8:00～21:00]
写本室	土～水 [8:00～16:00]
アクセス	地下鉄1号線 Shahīd Ḥaqqānī 駅を降り、Shahīd Ḥaqqānī 通りをやや東に行ったところにあるターミナルから乗り合いミニバスで図書館正門へ。帰路は図書館正門近くから地下鉄1号線 Moṣallā 駅経由で戻る乗り合いミニバスが出る。
入館・閲覧に必要なもの	パスポート、大学発行のレター（会員証申請時）、会員カード（入館・閲覧時）
その他	館には会員証が必要。会員証発行には3日間（木金・祝日除く）ほどかかる。

マレク国立図書館・博物館
Malek National Library and Museum
کتابخانه و موزه ملی ملک

マレク国立図書館・博物館

国民公園(Bāgh-e Mellī)の入口。ガージャール朝期の建築物が残る

マレク国立図書館(正式名称はマレク国立図書館・博物館(Ketābkhāne va Mūze-ye Mellī-ye Malek)。以下「マレク図書館」とする)は、テヘラン市エマーム・ホメイニー広場の西、外務省と様々な博物館の建物が並ぶ「国民公園(Bāgh-e Mellī)」と呼ばれる場所にある。すぐ南にゴレスターン宮殿と大バーザールがあるこの一帯は、テヘラン市の行政の

歴史的中心地であり、ガージャール朝期以来の建物が多い。

マレク図書館は、刊行図書約9万点、写本約6,500点を所蔵するイラン有数の大図書館である1)。この図書館の歴史は、タブリーズの有力家系であるマレコットッジャール (Malek al-Tojjār) 家のホセイン・アーガー・マレクが、1937年に彼の父の自宅および所蔵して

テヘランの大バーザールの人混み

いた書物をマシュハドのエマーム・レザー廟 (アースターネ・ゴドゥセ・ラザヴィー) へ寄贈したことに始まる。図書館は1996/7年までテヘランの大バーザールにあったが、前述のとおり、現在は国民公園の場所に移転している。現在の建物は2014年秋に改装が終わり、新しく使いやすい図書館に生まれ変わった。

◉⋯⋯⋯⋯⋯⋯利用方法

次の図書館の利用方法について説明しよう。マレク図書館は他のイランの諸図書館と比べ、短期滞在の外国人研究者も利用しやすい図書館と言える。まず、本館手前にある建物でパスポートを提示し、図書館利用のために来たことを告げる。守衛はパスポートを預かり、かわりに手荷物を預けるためのロッカーの鍵と、図書館利用者を示すためのカードを手渡してくれる。ここでロッカーに手荷物を預けた後、本館に入る。本館つき当たりにあるエレベーターで、刊行図書閲覧なら4階(男性用)または5階(女性用)、写本・文書閲覧なら6階に上がる。4階と5階の閲覧室のドアは電子ロックされており、入り口でもらったカードをかざすと入ることができる。

写本・文書の閲覧に際しては6階を利用することになるが、筆者の経験では、閲覧のみの場合は別段書類の提示を求められなかった。閲覧を希望する写本・文書の番号をカウンターで示すと、閲覧用のパソコンでその電子データを見られるようにセッティングしてくれる。

コピーを申請する場合、所属機関からの紹介状と、在学証明書などの自身の所

マレク国立図書館の近くにある、ガージャール朝の王宮であるゴレスターン宮殿

マレク図書館近くにあるイラン国立博物館のイスラーム時代館。2015年夏にリニューアルオープンした

属を示す証明書が必要となる。まずコピー申請書類に、自身の名前、住所などの基本事項、さらに研究テーマを記入する必要がある。その後、その書類をもって担当者のサインをもらい、名前の登録を完了させ、コピー代の支払いをする。サインは1階の「文化係(Omūr-e Farhangī)」にいる2名からもらう。その後、3階の「管理・会計係(Omūr-e Edārī va Mālī)」で名前の登録とコピー代の支払いを行う。名前の登録が済むと、5桁の番号を渡され、次回からその番号でコピーを請求できる。コピー代は一葉2,000リヤルで、それとは別にCD代として5,000リヤルかかる。CDは即日受け取れることもあれば、受け取りまで1週間ほどかかる場合もある。

　最長1週間ほどで画像データを受け取れる、という点でマレク図書館は非常に利用しやすい図書館であるが、反面、写本の現物の閲覧は基本的に認められない、という点には留意したい。筆者は試みたことはないが、もしどうしても現物を見たい場合は、事前にその旨をメール等で伝え、担当者に相談して許可を得る必要があるだろう。

　また、所属機関から紹介状を出してもらう際に、「1週間」「1か月」など、利用したい期間を書いてもらうと、1つの紹介状で繰り返しコピーの請求ができるので便利である。

　なお、マレク図書館の地上階は博物館となっており、同図書館が所蔵するクル

アーンをはじめとする写本、硬貨、書道作品、絵画などの展示の他、創設者であるホセイン・アーガー・マレクや、イランの近代絵画に大きな影響を与えたキャマ－ロルモルクに関するコーナーもある。これら博物館のエリアにも、図書館の利用とあわせて足を運んでみてはいかがだろうか。

●その他

 最後に、図書館周辺に関して述べたい。前述のとおり、マレク図書館の位置する国民公園とその周辺には諸官庁の他、イラン国立博物館などさまざまな博物館が集中している。飲食店はそれほど多くないので、昼食をとるならば、一度エマーム・ホメイニー広場か、イラン国立博物館の周辺まで移動した方が良いだろう。

●写本カタログ（翻字はALA-LC翻字表に基づく）

- *Fihrist-i kitābhā-yi khaṭṭī-i Kitābkhānah-i millī-i malik*（1〜3巻）
- *Fihrist-i nuskhah'hā-yi khaṭṭī-i Kitābkhānah-i millī-i malik*（4〜13巻）　　　［水上　遼］

注
1) マレク図書館の所蔵する刊行図書および写本の点数に関しては、Marżīye Mortażavī Qaṣṣābsarāyī, Ḥājj Ḥoseyn Āqā Malek, Tehran, 2012/3, p. 97を参照した。しかし、同書のp. 105では所蔵する写本数を1万9,000点としている。なお、上述の写本カタログに含まれる写本のタイトル総数は6,537点である。

インフォメーション	
Webサイト	http://malekmuseum.org/（ペルシア語） http://malekmuseum.org/en/（英語）
住　　所	Melal Mottahed (Bagh Melli) St., Imam Khomeini St., Tehran, Iran
電　　話	(+98)66726613 and 53
開館日時	夏季（3月21日〜9月22日） 土〜木［8:15〜16:45］ 金［休］ 冬季（9月23日〜3月20日） 土〜木［8:30〜16:15］ 金［休］
アクセス	地下鉄1号線、4号線のEmam Khomeyni駅からEmam Khomeyni通りを西に行き、徒歩5分
入館・閲覧に必要なもの	パスポート、在学証明書（英文）、所属機関からの紹介状
その他	写本は基本的に画像データの閲覧のみ。紹介状に図書館を利用したい期間を記しておくと便利である。

イスラーム遺産復興センター
The Islamic Heritage Revival Center
مرکز احیاء میراث اسلامی

イスラーム遺産復興センター入口

　イスラーム遺産復興センター(Markaz-e Ehyā'-e Mīrāth-e Eslāmī。以下「復興センター」とする)はイランの首都テヘランの南、ゴム(またはコム)市にある図書館である。本書で紹介しているマルアシー図書館やテヘラン大学中央図書館と並んで、復興センターもまた数多くの貴重な写本を所蔵している図書館として知られるが、資料の収集方針においては他の図書館とは大きく異なる特徴を持つ。

　復興センターはヒジュラ太陽暦1374年(西暦1995/6年)に設立された、比較的新しい図書館である。創設者のセイエド・アフマド・ホセイニー・エシュケヴァリー氏は、研究者たちが校訂・出版されていない史資料をより手軽に利用できるような環境をつくろうと考え、長年にわたり様々な写本を収集するとともに、イラン国内外の写本をマイクロフィルムにて収集してきた。氏はマイクロフィルムを収集するにあたり、イラン国内にある大規模図書館ではなく、国外の諸図書館や、国内の地方あるいは個人図書館といった、研究者たちが利用しにくい機関が所蔵する写本を集めることに主眼を置いてきた。こうした彼の尽力により、研究者たちは国内外の利用しづらい図書館に行かずとも、復興センターにおいて各種の写本を非常に容易に閲覧・複写することができるようになった。こうして氏が収集してきた膨大な数のマイクロフィルム

こそ、この図書館の持つ最大の特長である。

　筆者がセイエド・アフマド氏や彼の孫のセイエド・ムハンマド氏(同図書館のカタログ編集者セイエド・ジャアファル氏の息子)から聞いたところによれば、復興センターは現在、1万2,000点の写本、10万点のマイクロ、3,000点の石版本、そして3万点の校訂された歴史資料を所蔵している。そして、これらの収集活動は今日も続いており、所蔵数は日々増えている。所蔵されている写本、マイクロ、石版本は、原本とは別にもう一部複写された形で保管され、かつデジタル化もなされている。

◉┄┄┄┄┄┄┄**利用方法**

　本図書館は、利用のための特別な手続きを必要とせず、また資料のCDへのコピー作業も非常に短時間で完了し、そのうえコピー料金も安価である。こうした利用しやすさもまた復興センターの特長である。

　利用に際しては、まず入口で写本を閲覧したい旨を伝えると地上階にある閲覧室に案内される。閲覧室では通常、上述のセイエド・ムハンマド氏が閲覧・複写を取り仕切っている。セイエド・ムハンマド氏に自分の所属を伝え、閲覧・複写の希望を出すと、すぐに写本の現物や、複写したCDを持ってきてくれる。コピー代は一画像800リヤルと、他の図書館に比べて安く、10分程度でCDを用意してくれる。

　地上階には閲覧室の他に、小さな博物館がある。2015年12月の時点ではまだ空のケースが多く、今後充実させていく予定とのことであった。1階には参考図書の閲覧室がある。閉まっていることが多いので、利用したい場合はセイエド・ムハンマド氏に伝える。

　復興センターは上述のとおり比較的新しい図書館であり、写本、マイクロともにカタログ化の作業はまだ始まったばかりである。所蔵している写本、マイクロでカタログに記載されているものは十分の一に満たない。カタログに記載がないものであっても、所蔵されている場合がありうる。

◉┄┄┄┄┄┄┄**カタログ**(未完。表記はALA-LC翻字表に基づく)

　Fihrist-i nuskhah´hā-yi khaṭṭī-i Markaz-i Iḥyā'-i Mīrāṣ-i Islāmī(写本カタログ、1-11巻。所蔵番号1から5000まで記載)

Fihrist-i nuskhah'hā-yi 'aksī-i Markaz-i Iḥyā'-i Mīrās̱-i Islāmī(マイクロカタログ、1-6巻。所蔵番号1から3200まで記載)　　　　　　　　　　　　　　　　　　　　　　[水上　遼]

イスラーム遺産復興センター外観

インフォメーション	
Webサイト	http://www.mirath.net/ （ペルシア語）
住　　所	Qom, Bolvār-e Kāregar, janb-e Mojtama'-e Āyatollāh al-'Oẓmā Sīstānī, Markaz-e Eḥyā'-e Mīrāth-e Eslāmī, Karegar Blvd, next to the Ayatollah Sistani Complex for the Islamic Heritage Reclamation Center, Qom, Iran
電　　話	(+98)25-36614550-36614510
Ｆ　ａ　ｘ	(+98)25-36614558
開館日時	土〜木［16:00〜20:00］ 金［休］
アクセス	公共交通機関はない。バスターミナルがあるハフタード・ド・タン広場から、あるいはハラムからタクシーを利用する。バスターミナルからタクシーに乗る場合、「エマーム・ホメイニー広場からカーレギャル通りに入り、線路の手前」と運転手に伝えるとわかりやすい。
入館・閲覧に必要なもの	特になし。念のためパスポートなどの身分証を持参すると良い。
そ　の　他	開館時間に注意。夕方4時から8時まで。

マルアシー図書館
The Library of Ayatollah Marʿashi Najafi
کتابخانه آیت الله مرعشی نجفی

筆者は2014年7月から2017年3月までテヘラン大学に留学し、その間に数度マルアシー図書館を利用した。その経験をもとにマルアシー図書館を紹介し、主に写本・マイクロフィルムの閲覧のための手順などを説明する。なお、マルアシー図書館に限らず、イランでは様々な要因により、閲覧のための手続きが突然変更され

マルアシー図書館

るといったことがしばしば発生する。ここでの情報はあくまで2017年2月当時のものであるということを予めご理解いただきたい。

　マルアシー図書館の正式名称は、大アーヤトッラー・マルアシー・ナジャフィー猊下大図書館（Ketābkhāne-ye Bozorg-e Ḥażrat-e Āyatollāh al-ʿOẓmā Marʿashī Najafī）という。同図書館のある都市ゴムは、首都テヘランの南約150キロに位置し、ゴム州の州都である。テヘランの南バスターミナルからゴムのバスターミナルまでは片道1時間半ほどの旅になる。ゴムは歴史上、現在に至るまでイランにおける最も重要な宗教・学術センターの1つであり、同地にある聖域（ḥaram）への参詣や、神学校や大学での勉学のために各国から人々が集まる国際都市である。そして、マルアシー図書館はその聖域の脇を通る、書店が立ち並ぶエラム通り（khiyābān-e Eram）に位置する。ゴムのバスターミナルからは、バス到着後に聖域まで乗合バスが出ており、降りるとそこから徒歩5分程度でマルアシー図書館に行くことができる。ゴムからテヘランに帰る際は、聖域の近くにあるポレ・アーハンチーという陸橋の入口からバスターミナル行きの乗り合いタクシー乗り場がある。

マルアシー図書館の外観

ゴムにある聖域ファーテメ・マアスーメ廟。マルアシー図書館から徒歩数分の距離にある

図書館の名前になっているセイエド・マルアシー・ナジャフィー（1897〜1990）はイラクのナジャフ出身の法学者であり、12イマーム派の大アーヤトッラーの称号を得た人物である。生涯の大部分をゴムで過ごし、1965年にマルアシー図書館を設立した。マルアシー図書館はイラン国内屈指の大図書館とされており、所蔵する書籍は、既刊のカタログの通し番号だけでも写本が1万6,100点、マイクロは2,000点にのぼる。そして、この中にはイスラーム学、西アジア史を研究する者にとって重要な写本が数多く含まれている。カタログは現在までに、写本カタログが40巻、マイクロカタログが5巻刊行されている（末尾文献参照）。

　また、イラン国内の、イスラーム議会図書館やテヘラン大学図書館といった、他の図書館・文書館の蔵書とあわせた横断検索が可能なサイトがあり、こちらからも検索が可能である（lib.ir: http://www.lib.ir/LibView/default.aspx、アーガーボゾルグ: http://www.aghabozorg.ir/search.aspx）。しかし、これらのサイトにはまだ各図書館の蔵書の一部しか登録されていないため、最終的な所蔵の有無を調べるには、やはりカタログを手に取る必要がある。

● ……………… 利用方法

　次に、同図書館の利用に関して説明する。一般書の利用のみであれば、入り口でその旨伝え、パスポートを見せるのみで問題ない。一方、写本やマイクロフィルムの閲覧・コピーの場合、事務部長であるセイエド・マフムード・マルアシー

氏に宛てた事前の申請が必要となる。申請方法には、直接赴いて申請書を渡すか、FAXまたはメールで申請書を送付するかがあるが、メールでの申請が最もやりやすいだろう（メールアドレス：info@marashilibrary.org、電話番号：025-3774197078, Fax：025-37743437）。申請書は自分の氏名、所属、研究分野や写本の利用目的（自分の研究のため、など）、マルアシー図書館の訪問時期を示した上で、閲覧したい写本またはマイクロのタイトル、著者、写本番号と写本カタログ上での記載巻号、ページを記す。また末尾に申請者の住所、イランから連絡可能なメールアドレス、電話番号を記す。デジタルコピーを希望する場合はあらかじめその旨も申請書に記しておく。また、同時にパスポートの写真ページのコピーも提出しなければならない（メールの場合は添付ファイルで）。この申請書はペルシア語で書くことが望ましいが、英語で書いても構わないとのことであった。

　マルアシー氏の説明では、2、3日で許可がおり、メールまたは電話で返信するとのことだが、1週間経っても返事がこないこともあるため、適宜こちらから電話し、許可がおりたかどうかを確認すると良い。許可がおりた後、コピー代を支払い、受け取りとなる。デジタル化が済んでいる写本は代金支払い時にすぐCDにコピーしてくれるが、デジタル化が済んでいないものはコピー代支払い後受け取りまでにさらに数日かかる。短期調査でコピーを入手したい場合には、イランに入る2週間ほど前までにメールで申請し、イラン到着後すぐにマルアシー図書館を訪れ代金支払いを行い、受け取りまでに数日かかる場合には再度訪れる、とするとスムーズであろう。逆にイランに入ってから申請を出してしまうと1週間以内に受け取ることはかなり難しい。

　写本・マイクロの閲覧の際は、地上階のオフィスにいるマルアシー氏に閲覧に来た旨を伝える。閲覧は入り口にてカバン類を預けた後、閲覧室で行う。ノート、筆記用具は持ち込み可能である。閲覧室には、アラビア語、ペルシア語の人名録やハディース集、歴史書などが並んでおり、あわせて利用することができる。複写は申請後1週間ほどで出来上がる。こちらも、図書館側から連絡が無いようならば、確認の電話をすると良い。

　前述のとおり、マルアシー図書館の面するエラム通りは様々な書店が密集しており、ペルシア語書籍だけでなく、アラビア語書籍も手に入れることができる。ゴム

はイランにおける出版の中心地の1つであり、テヘランでは手に入りにくい本も多い。ゴムの書店については、黒田賢治「イラン・イスラーム共和国書店案内：コム編」(『イスラーム世界研究』4-1/2, 2011, pp. 643-655)を参照されたい。

また、ゴムは正午過ぎのアザーンの後、各書店が一斉に閉まってしまい、夕方4時や5時ごろに再び開店する。マルアシー図書館も午後1時半までしか開いていない。そのため、ゴムには、午前中に、時間に余裕をもって訪れることをすすめる。なお、エラム通りを聖域の方に進み、聖域に入るための身体検査を通過すれば、ケバブやサンドイッチなどの店があるので昼食をとることができる。

● ⋯⋯⋯⋯⋯ **カタログ**（翻字はALA-LC翻字表に基づく）

- 写本カタログ（現在まで40巻。番号1から16100まで）

① *Fihrist-i nuskhaḥʹhā-yi khaṭṭī-i Kitābkhānah-i ʻUmūmī-i Ḥaẓrat Āyat Allāh al-ʻUẓmá Najafī Marʻashī*

② *Fihrist-i nuskhaḥʹhā-yi khaṭṭī-i Kitābkhānah-i Buzurg-i Ḥaẓrat Āyat Allāh al-ʻUẓmá Marʻashī Najafī*（①の続き。タイトルのみ多少変化）

- マイクロカタログ（現在まで5巻。番号1から2000まで）

③ *Fihrist-i nuskhaḥʹhā-yi ʻaksī-i Kitābkhānah-i ʻUmūmī-i Ḥaẓrat Āyat Allāh al-ʻUẓmá Marʻashī Najafī*

④ *Fihrist-i nuskhaḥʹhā-yi ʻaksī-i Kitābkhānah-ʼi Buzurg-i Ḥaẓrat-i Āyat Allāh al-ʻUẓmá Marʻashī Najafī*（③の続き。タイトルのみ多少変化） ［水上　遼］

インフォメーション	
Webサイト	www.marashilibrary.com（ペルシア語） http://info.marashilib.com/（ペルシア語）
住　　　所	Ayatullah Marashi Najafi(R.A.) Avenue, Qom, Iran
電　　　話	(+98)25-3774197078
Ｆ　ａ　ｘ	(+98)25-37743437
Ｅ-ｍａｉｌ	info@marashilibrary.org
開館日時	日〜木［7:30〜13:30］ 金・土［休］
入館・閲覧に必要なもの	パスポート、事前申請（写本・マイクロフィルム閲覧の場合のみ）
そ　の　他	写本・マイクロフィルムの閲覧を希望する場合は、E-mailで事前申請が必要。その際にパスポートの写真ページを添付する。申請から閲覧許可が降りるまで、また複写の申請から受け取りまで、それぞれ1週間程度かかる。

テヘラン大学中央図書館・文書センター
The Central Library and Documentation Center of the University of Tehran
کتابخانه مرکزی و مرکز اسناد دانشگاه تهران

　イランの首都テヘランの中央部にあるエンゲラーベ・エスラーミー広場(Meydān-e Enqelāb-e Eslāmī。以下「エンゲラーブ広場」とする)は、同市における学問・出版の中心的なエリアの1つである。そして、テヘラン大学の中央キャンパスは、エンゲラーブ広場から同名のエンゲラーブ通りを少し東に行ったところにある。テヘラン大学は1934年創立のイランを代表する大学であり、2014年に創立80周年を迎え

テヘラン大学中央図書館・文書センター入口

た。大学周辺は一種の学生街であり、学生寮や印刷・コピー店や様々な書店、古書店が立ち並んでいる。

　紹介する「テヘラン大学中央図書館および文書センター(Ketābkhāne-ye Markazī va Markaz-e Asnād-e Dāneshgāh-e Tehrān)」は、前述の中央キャンパス内に位置する。テヘラン大学に留学する学生や、イランで写本調査をする研究者にとっては、同図書館所蔵の図書、雑誌、カタログ、写本、マイクロフィルムは大変有益であり、イランにおける活動の拠点となるだろう。

● ················利用方法

　まず、利用手続きについて説明する。テヘラン大学中央図書館の利用のために必要なものは「入構許可証」と「図書館利用のための登録」である。テヘラン大学は日本の大学とは異なり、部外者が自由にキャンパス内に入ることは原則できない。ま

た、図書館利用のための登録は、図書館で手荷物を預ける際に必要となる。

入構許可証の入手と図書館利用のための登録を済ませるには、まず中央キャンパスとシューンズダフ・アーザル通り(Khiyābān-e 16 Āzar)を挟んで隣接する、テヘラン大学中央棟(Sāzemān-e Markaz-e Dāneshgāh-e Tehrān)の2階(日本における3階)の、エスキャンダリー氏の部屋を訪れる必要がある。

テヘラン大学中央棟

エスキャンダリー氏はテヘラン大学の国際関係部門を取りまとめている人物で、彼に図書館・写本室を利用したいと伝え、パスポートと英文の在学証明書を提示する。この際、利用したい図書館名(中央図書館、神学部図書館など)も伝えておくと良い。エスキャンダリー氏は入構許可証の発行と、図書館利用のための書類を用意してくれる。

次に入構許可証を使ってキャンパス内に入り、中央図書館に行く。入って右手に、手荷物を預けるロッカーの鍵を管理する受付があるので、そこにエスキャンダリー氏が用意してくれた図書館利用のための書類を提示する。すると、図書館1階のオフィスに案内されるので、そこでいつまで図書館を利用したいかを伝えると、登録を行ってくれ、バーコードを発行してくれる。次回以降はそのバーコードを図書館入口右手で提示すると、ロッカーの鍵を渡してくれる。帰る際には再びそのバーコードを提示し、ロッカーの鍵を返却する。ここまでの手続きにはあまり時間はかからない。スムーズにいけば1時間程度で図書館利用のための登録まで終えることができる。

● ……………… 中央図書館

次に、中央図書館について、主に人文社会系分野の利用者向けに紹介する。図書館地上階には、前述の手荷物を預けるロッカーの他、所蔵検索用のパソコン、お菓子や飲み物を買える売店や古書販売コーナーがある。後述する写本室はこの地上階

の中央奥、エレベーターの隣の部屋である。

　1階には、人文科学系の本が中心の「アブー・レイハーン・ビールーニー閲覧室」や、辞書などの参考図書をそろえた「エクバール・ラーホーリー閲覧室」、そして、「モハンマドタキー・ダーネシュパジューフ閲覧室」などがある。写本室を除き、各部屋の閲覧用の机は男女でエリアが分かれているので注意が必要である。写本室の利用については後述する。

テヘラン大学の近くのエンゲラーブ広場

　8階には様々な学術雑誌が配架されている。ただ、雑誌は床に平積みになっているものも多く、独力で見たい雑誌、巻号を探すのは困難なので、このフロアにいる図書館員に協力してもらおう。雑誌のコピーは、筆者が訪れた時にはできず、代わりにスキャンをとってくれた。スキャンしたデータはUSBを持参していればそれに移してくれる他、メールアドレスを伝えればその場でそこに送ってもらうこともできる。8階でスキャンをしてもらった後、料金が書かれた紙を渡されるので、それを持って地上階奥のオフィスで料金を支払い、紙にスタンプを押してもらう。それを持って再び8階に行くとデータをもらうことができる。

● ・・・・・・・・・・・・・・・・・・・・・・**写本室**

　写本室について説明する。前述のとおり、写本室は図書館地上階にある。ここには写本がカタログ(現在まで20巻)の通し番号で11,050点、マイクロフィルムが通し番号で7,201点(現在まで3巻)所蔵されている。これはイラン国内でも有数の規模と言えるだろう。室内では、これらの写本、マイクロフィルムの画像データをCDに入れたものを閲覧することになる。閲覧の際は、見たい写本やマイクロフィルムの番号を用紙に記入すると、閲覧用のパソコンで見られるように共有フォルダに画像を移してくれる。マイクロフィルムの中にはまだ画像データ化が済んでいないもの

テヘランの街並み

もあり、その場合はマイクロリーダーで閲覧する。写本室長のスーサン・アスィーリー氏によれば、写本学や美術が専門の学生が写本の現物をみたいという場合は、要相談とのことであった。

また、室内には人名事典やイラン国内外の図書館のカタログが豊富に配架されているため、他の図書館を訪問する準備の際にも便利である。スーサン・アスィーリー氏は以前日本に滞在していたこともある方である。利用に際してわからないことがあれば、アスィーリー氏の他、アーキビストの方々に気軽に質問すると良い。利用者の中には外国人学生・研究者も多く、アーキビストの方々も親切に対応してくれる。

写本・マイクロフィルムのコピーを希望する場合は、入り口のデスクで申請する。料金は、2018年9月訪問時には、1画像につき2万リヤルであった。希望した画像をその場でCDにコピーしてくれるか、こちらがもちこんだUSBメモリーにコピーしてくれる。2017年はじめまでは1週間以上かかっていたコピーが即日入手可能になり、長期滞在できない外国人研究者には非常に便利になった。

● ……………… **各学部の図書館**

テヘラン大学の図書館は、各学部が独自の図書室を持っている。筆者も中央図書館以外に、人文科学部(同キャンパス内。フェルドゥースィーの銅像が目印の建物)や神学部(地下鉄のシャヒード・モファッテフ(Shahīd Mofatteḥ)駅からすぐ)の図書室を利用したことがある。それらの図書室は、独自の登録が必要な場合もあるが、基本的に入構証と図書館利用のバーコードがあれば即日利用可能である。

● ……………… **その他**

最後に、図書館周辺について簡単に説明する。エンゲラーブ広場周辺、カーレギャル通り(Khiyābān-e Kāregar)には昼食をとることができるレストランや軽食屋、

パン屋がいくつもある。その他、キャンパス内には様々な建物内に食堂があり、サンドイッチなどが売られている。

　また、前述のとおり、大学周辺はテヘランにおける出版の中心地であり、様々な書店、古書店が軒を連ねている。テヘラン大学の利用とあわせて、これらの書店で資料収集を行うのもまた、学生や研究者たちにとって有益であろう。その際は、内山明子「イラン・イスラーム共和国書店案内：テヘラン編」(『イスラーム世界研究』8、2015, pp. 404-413)、小澤一郎「イラン・テヘランの古書店：ある歴史家の視点から」(『アジ研ワールド・トレンド』247, 2016, pp. 28-31)を参考にするとよい。

◉･･････････････**カタログ**(翻字はALA-LC翻字表に基づく)

・写本カタログ(現在まで20巻が刊行されており、写本番号1番から11,050番までが収録されている)

①第1-7巻

Fihrist-i Kitābkhānah-ʼi Ihdāʼī-i Āqā-yi Sayyid Muḥammad Mishkāt bih Kitābkhānah-ʼi Dānishgāh-i Tihrān

NCID(CiNii Booksで検索可)：BA26880730

②第8-15巻(①の続き。タイトルが一部異なるので注意が必要)

Fihrist-i Kitābkhānah-ʼi Markazī-i Dānishgāh-i Tihrān

NCID: BA26881653, BA71315763

③第16-20巻(②の続き。タイトルが一部異なるので注意が必要)

Fihrist-i Nuskhahʹhā-yi Khaṭṭī-i Kitābkhānah-i Markazī va Markaz-i Asnād-i Dānishgāh-i Tihrān

NCID: BA7132536X, BA26883375, BA2688358X, BA26883885

・マイクロカタログ(現在まで3巻が刊行されており、マイクロ番号1番から7201番までが収録されている)

④第1巻

Fihrist-i mīkrūfilmhā-yi Kitābkhānah-ʼi Markazī-i Dānishgāh-i Tihrān

NCID: BA61912890

⑤第2-3巻(④の続き。タイトルが一部異なるので注意が必要)

Fihrist-i mīkrūfilmhā-yi Kitābkhānah-'i Markazī va Markaz-i Asnād-i Dānishgāh-i Tihrān
NCID: BA61911978, BA46737139　　　　　　　　　　　　　　［水上　遼］

イランでよく見られる羊の放牧

インフォメーション	
Webサイト	http://library.ut.ac.ir/（ペルシア語・英語）
	http://ut.ac.ir/en/page/781/central-library-and-documentation-center-of-the-university
住　　所	16th Azar St., Enghelab Sq., Tehran, Iran
電　　話	(+98)21-66466179, (+98)21-61112362
Ｆ　ａ　ｘ	(+98)21-66495388
Ｅ - ｍａｉｌ	libpublic@ut.ac.ir
開 館 日 時	土～水［8:00 ～ 15:30］
	木［8:00 ～ 12:00］
写本室	土～水［8:00 ～ 15:00］
ア ク セ ス	地下鉄4号線（Khaṭṭ-e Chahār）の Meydān-e Enqelāb-e Eslāmī 駅から徒歩5分、BRT-1（専用レーンバス）Meydān-e Enqelāb 駅または Dāneshgāh-e Tehrān 駅から徒歩5分
入館・閲覧に必要なもの	パスポート、英文の在学証明書（大学構内および図書館の入構証の発行に必要）
そ　の　他	キャンパス内に入るために、一度大学中央棟で手続きが必要。

カイロ・アメリカン大学図書館
The American University in Cairo Libraries

　2011年の「アラブの春」の一連の動きのなか、エジプトでは民主化を求める民衆がタハリール広場に集まった。アラビア語で「タハリール」とは「分離、解散」を意味するが、彼らは長らく続いたムバーラク独裁政権からの分離を突きつけた。その後、ムスリム同胞団を支持母体とする政権誕生や、軍事クーデターを経て、スィースィー現政権が誕生するまでの一連の出来事の舞台として、タハリール広場は一つの象徴的な場所として機能し続けてきた。

　いわゆる古き良きエジプトを知る人々にとって、カイロ・アメリカン大学(通称「アメ大」)と言えば、このタハリール広場脇にあるという印象ではないだろうか。広場周辺にはツタンカーメンの黄金のマスクが展示されているエジプト博物館、ビザ更新を行なうモガンマア、そしてメトロでは、1号線と2号線の乗り換えに便利なサダト駅がある(テロ警戒のために数年にわたって閉鎖されていたが、2018年10月現在では利用可能である)。1919年に創立されたカイロ・アメリカン大学は、カイロの中心地に位置しながらエジプトの趨勢もまた見守ってきた。

　筆者は、2012年9月から2014年9月まで同大学院に留学していた。カイロ・アメリカン大学に関する情報や図書館の基本的な利用方法については、大学のウェブサイトに書かれている。ここでは筆者の2年間の留学での経験とその後のアップデートした情報に基づいて、大学外からニュー・キャンパスにある図書館を訪れる研究者や学生の目線に立って、キャンパスへのアクセス方法も含めて説明することにしたい。本稿での情報は2018年10月時点のものである。

● 概要とアクセス

　カイロ・アメリカン大学は、2008年に一部を除いて、ニュー・カイロ(スィッタ・オクトーバー地区)へキャンパスを移転した。そのため、ニュー・カイロにある新キャンパスは「ニュー・キャンパス」と呼ばれている。一方、タハリール広場横

にあるキャンパスは、「AUCタハリール・スクエア(AUC Tahrir Square)」が現在の正式名称である。「AUCタハリール・スクエア」は、書籍店や講演会場を中心とした「グリーク・キャンパス」と、ビジネスコースなどのために利用されている「ファラーキー・センター」から成っている(後者は地図上では非掲載だがグリーク・キャンパスからすぐ近くの場所にある)。大学のキャンパス移転に伴って、図書館本体もまたニュー・キャンパスへと移転しており、ファラーキー・センターに小さな図書室が残るだけである。「AUCタハリール・スクエア」は近年つけられた名称であり、旧キャンパスはこれまで、「オールド・キャンパス」、「ダウンタウン・キャンパス」、「タハリール・キャンパス」、そして「メイン・キャンパス」のように様々な名称で呼ばれてきた。そのため、卒業生のあいだでも統一を見ていない。

　これらの複数の呼称には理由がある。それは、新キャンパスを"ニュー"と呼ぶ限りは、片方を"オールド"と呼ぶ方が分かりやすいこと、革命後の混乱によってニュー・キャンパスが一時閉鎖された際も、"ダウンタウン"の"タハリール"広場にあるキャンパスは、本部機能をもった"メイン"のキャンパスとしての役割を果たしていたからである。これらの呼称は横に置いて、以下ではタハリール横のキャンパスについては、公式名称である「AUCタハリール・スクエア」を用いる。

　ニュー・キャンパスへのアクセスとしては、複数の方法がある。まず、タクシーで大学へ向かう場合は、メーターのついた白タクシーをつかまえて、「タガンマア・ハーミス」(第5地区)にあるアメリカン大学(「ガーミア・アムリーキーヤ」とエジプト方言のアラビア語では発音)が目的地であることを必ず伝えたほうが良い。メーターが正常に動いた場合、市街地(ダウンタウン)からだと約90ポンド、マアディー地区からだと最安で約65ポンドだが、道路状況によって変化する。所要時間は渋滞がなければ、市内各地から約1時間である。

　近年、エジプト国内のインターネット環境や地図が急速に改善されたこともあり、タクシーの代わりに、UberやCareemなどのスマートフォン・アプリを利用した配車サービスも登場している。原理的には、現在地と行先を地図上で指定すれば、近くにいるドライバーが迎えにきてくれるというものである。乗車前に予想される経路や金額が提示されるため、安心して使用することができる。しかしなが

ら、ナビを正しく使用せず、遠回りをするドライバーもいるため注意が必要である。タクシーや配車サービスによる一般乗用車は、ニュー・キャンパスのビジター用の入り口であるゲート1(AUC Portal Gate1)へ向かい、ゲートから少し進んだ降車場まで入ることができる。

ニュー・キャンパスの外観（ゲート1側の入口。この入口を通過した後に、降車場へ行くことになる）

　バスを利用する場合、カイロ市内の各方面から教職員・学生のためのバスに乗ることになるが、この方法は過去にアメリカン大学に所属し、大学発行の身分証（有効期限は問わない）を持つ者に限られる。筆者の留学時には、バスは基本的に誰でも利用することができたため、外部者もバスで大学まで

カイロ・アメリカン大学図書館図書館の外観

向かい、降車後に料金を支払うことができた。しかしながら、現在では、バスに乗る前に身分証を提示する必要がある。カイロの各地からアメリカン大学へ向かうバスの時刻表と停留所は、アメリカン大学ウェブサイトのバスサービスのウェブサイトに掲載されている(http://www.aucegypt.edu/bus/Pages/Default2.aspx)。テロ警戒のために、バスにはアメリカン大学のロゴや名前はなく、またバスの停留所を示す看板も当然ない。また、2015年以降、頻繁に時間と場所を変えているので注意が必要である。片道のバス代は2018年2月現在では35ポンドだったが、毎学期少しずつ値上げされている（2014年時は20ポンドであった）。バスはバスターミナルのあるゲート4から大学の敷地内へ入り、Bus Entranceに到着する。教職員・学生は、バス料金の精算を行うゲートを通過した後に、今度は学生証を端末にかざしてキャンパス

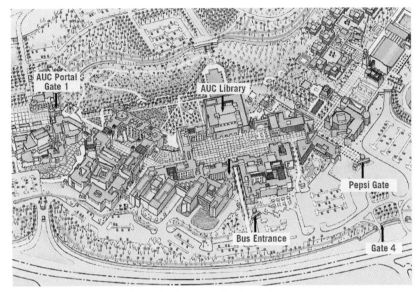

ニュー・キャンパスの地図（キャンパス内の各所に貼られている）

へ入るゲートを通過することになる。AUCの卒業生カードに切り替えを行っていない限りは、このゲートを通過することができない。そのため、ビジター用の入り口であるゲート1へ歩いていくのが原則である（Bus EntranceからAUC Portal Gate 1までは約15分）。2018年2月に、筆者はキャンパスへ入るゲートで交渉を行い、パスポートを預けてゲートを通過した。

⦿…………………利用方法

　大学図書館の利用申請に関しては、過去に何度か変遷を遂げているが、現在はウェブ上の申込みフォームに必要事項を入力し、必要書類を添付したうえで申請を行うことになっている。必要書類は、①日本国内の研究機関からの英語での紹介状（レターヘッドがついたものが望ましい）、もしくはカイロ・アメリカン大学の常勤教員による紹介状、②パスポートとそのコピーである。利用申請が認められると、150ドル相当分のエジプト・ポンドを指定された方法で支払うことになる。支払いとその後の館内利用証の発行手続きは、後述する図書館の受付カウンターで行う。図書館内で直接支払うことができなければ、別棟にある会計窓口やキャンパス内にある

銀行の窓口で振り込むかたちになる。

　大学図書館はキャンパスの中心にある。図書館は学期中であれば日曜から木曜の8時半から22時まで利用可能であるが、事前に確認されたい。これらの開館情報は、図書館のウェブサイトに掲載されている。図書館にある書籍に関しては、アメリカン大学図書館(http://library.aucegypt.edu/)のOPACで外部からもアクセス可能である。

　図書館は地下階と地上階の計5階から成っている。地上1階を「グラウンド・フロア」と呼んでいるため、日本で言う2階は1階にあたる。図書館の入口にはゲートがあり、図書館利用証を発行するための受付カウンターへ行くには、ガードマンに利用証を作る旨を伝えてゲートを通してもらう必要がある。ゲートを通過した正面に受付カウンター兼レファレンス・サービス、その横にヘルプ・デスクがある。グラウンド・フロアには、学生たちが利用するパソコンとともに、事典類がある。図書の検索については、各階にもパソコンがあるので文献を検索することが可能である。ウィンドウズがインストールされており、オフィスソフトやインターネットがログインせずに利用可能である。

　地下1階は「プラザ・フロア」と呼ばれている。ここには雑誌や新聞が開架式で設置されている。同階にはコピー・センターがあり、書類に必要箇所を記入すれば複写を依頼することができる。また、1階と2階部分は開架式で図書が置かれている。イスラーム教や中東研究に関する書籍は、1階に置かれている。アメリカン大学に提出された修士論文は、2階に配置されており、自由に閲覧可能である。

　3階の貴重書閲覧室は、主に稀覯本や寄贈図書の閲覧用である。また、貴重書ではない図書でも3階のヘルプ・デスク奥に閉架式で並んでいる。3階では入室に際してカバンを持ち込むことができないので、鍵付きロッカーに荷物を預けることになる。利用申請は既に済ませているので、貴重書閲覧室に入る前の手続きを取る必要はない。ただし、閲覧室内で地図を利用したり、個人蔵書室の高い位置にある本を取り出したりする際には、資料が破損する可能性もあるので正面右手のヘルプ・デスクへ行って、一緒に取り出してもらったほうがよいように思われる。また書籍の複写については、ヘルプ・デスクで申請し同階で複写可能である。3階の貴重書

閲覧室にある複写コーナーは比較的空いているため、1階や2階に所蔵されている文献の複写を依頼することができる(この方法はもちろん裏技であり、貴重書閲覧室に大量の図書を持ち込もうとするとガードマンに止められる)。写本等についてはデジタル・アーカイヴでも公開されている(http://digitalcollections.aucegypt.edu/cdm/)。貴重書閲覧室は通常17時に閉室するが、階下はその後も利用可能である。

◉........................**帰路・食事処・書店**

　ニュー・キャンパスから市内中心部へ帰る方法としては、タクシーや配車サービスを利用する方法と、大学バスがある。どのゲートからも出ることはできるが、タクシーや配車サービスを利用するのであればゲート1から出ることが最も便利である。ただし、ニュー・キャンパスはカイロの中心部から遠く、夜遅くだとタクシーがつかまらなかったり、治安も悪くなったりするので十分な注意が必要である。

　キャンパス発のバスを利用する際には、特に身分証を提示する必要はない。そのため、身分証を持ち合わせていなくてもバスが利用可能である。バスターミナルの入口で35ポンドを先払いする(ただし行先によって金額が多少変化する)。予めバス時刻表で確認するか、バスターミナルのスタッフに出発時刻を尋ねておくとよいだろう。基本的には、どの行き先のバスも同一時刻に一斉に出発するが、AUCタハリール・スクエア行きのバスは他の行き先よりも本数が多い。市内中心部へ向かうルートは、夕刻の帰宅ラッシュ時は大渋滞が頻繁に発生する。通常1時間の道のりであっても、3時間ほどかかることもあるので余裕のある時間設計にしておくほうがよいだろう。

　また大学構内には、フード・コートがあり、マクドナルドやサブウェイなどアメリカ資本にふさわしい飲食店が軒を連ねている。また、ゲート1に近い場所にあるキドラ(エジプト方言の発音ではイドラ)では、フール(豆をペースト状にしたもの)やターメイヤ(そら豆を使った揚げ物)などを挟んだサンドイッチを食べることができる。ちなみに、キドラはザマーレクの日本学術振興会カイロ研究連絡センター付近にも店を構えている。学期中、昼食時(12時45分から2時のあいだ)は混雑している。また図書館の脇には、コーヒー・スタンドもある。調査の合間に椅子に腰かけ、カイロ市内の喧騒を忘れさせる広大なキャンパスで、綺麗に咲く草花を眺めながら、ひとり

思索をめぐらせ物思いにふけるのもよいだろう。図書館付近には、書籍店や複写センター、そしてキャンパス・ショップがある。また、ATMもキャンパス内の２箇所に設置されている。

　ニュー・キャンパス、AUCタハリール・スクエア、さらにザマーレク地区の学生寮にはAUCの書籍店が設けられており、カイロ・アメリカン大学出版会(AUC Press)を中心とした書籍を購入することができる。ニュー・キャンパスとAUCタハリール・スクエアでは売られている本が微妙に異なるが、筆者の研究領域であるイスラーム思想に関する書籍を見る限りでは、AUCタハリール・スクエアの方が品揃えは良い。AUCタハリール・スクエアの書籍店は誰でも訪れることが可能だが、セキュリティチェックのためにパスポートを提示する必要がある。AUCタハリール・スクエアを訪れる際には、タハリール広場や市内の状況について最新の情報を入手していただきたい。　　　　　　　　　　　　　　　　　　　　　［澤井　真］

インフォメーション

Webサイト	http://library.aucegypt.edu/（英語）
住　　所	AUC Avenue, P.O. Box 74, New Cairo 11835, Egypt
電　　話	
Main Library	（+20)2-2615-4827
E-mail	library@aucegypt.edu
開館日時	日〜木［8:30〜22:00］
Main Library	土［9:30〜19:30］
	金・祝［休］
アクセス	本文参照のこと。
入館・閲覧に必要なもの	本文参照のこと。

ボアジチ大学図書館
Boğaziçi University Library
Boğaziçi Üniversitesi Kütüphanesi (Aptullah Kuran Kütüphanesi)

構内から臨むボスポラス海峡とルメリ・ヒサル

構内の様子

　ボスポラス海峡を眼下に臨む素晴らしいロケーションに建つボアジチ大学(Boğaziçi Üniversitesi：Boğazはトルコ語でボスポラス海峡のこと)は、トルコ共和国の中でも教育レベルが非常に高い大学のひとつである。ボアジチ大学の前身は1863年にアメリカ人サイラス・ハームリン(Cyrus Hamlin)とクリストファー・ロバート(Christopher Robert)によって創設されたロバート・カレッジ(Robert Kolej)であり、授業は全て英語、大学構内の雰囲気や建物もアメリカの大学によく似ているのが印象的である。

　その北キャンパスに位置するボアジチ大学図書館も、トルコ共和国有数の図書館であり、その蔵書数は62万点を超える。ボアジチ大学には各学部付属の図書館がないため、全ての学生・教職員はここで図書を利用している。ここ1年ほどは開館時間が大幅に変更

され、週7日24時間利用可能になったため、夜間や早朝でも人が絶えない。利用者にとっては非常にありがたいことである。

◉……………… **所蔵資料とカタログ**

ボアジチ大学図書館はその蔵書数もさることながら、ロバート・カレッジ時代に収集された特徴あるコレクションのために、非常に有用な図書館となってい

ボアジチ大学図書館

る。トルコ共和国、中東やバルカンなどの周辺諸国、そしてオスマン朝の歴史、文化、文学に関する10万点以上の書籍が含まれている「近東コレクション(Near East Collection)」、16〜20世紀の間に出版された2万点以上の図書や印刷物が含まれている「貴重書コレクション(Rare Book Collection)」、18世紀後半から20世紀にかけてのアメリカ合衆国議会や外交に関する2,500点以上の書籍や文書を含む「アメリカ合衆国歴史文書群(U.S.A. Historical Documents)」などは、他の図書館にはない貴重な資料だろう。また最新の出版物やオンラインジャーナルも非常に充実している。これらの蔵書については、すべてオンライン・カタログで検索可能である(http://seyhan.library.boun.edu.tr/search)。

◉……………… **利用方法**

一日利用であれば、入口でパスポートを預けると入館・閲覧・複写可能である。数日利用する場合は、1年間期限の身分証(Kimlik Kartı)を発行してもらうと次回からパスポートの提示が不要になる。身分証は、入口正面にある図書館長・事務室(Library Director/Secretarial office)でパスポートと写真(2×2cm程度)を提示し、研究のために入館と閲覧を希望する旨を伝えると即座に発行してくれる。写真は次回来館時でも構わない。貸出は不可であり、所属大学の図書館相互レファレンスを利用しなくてはならない。

複写は1ページ6クルシュ。欲しい資料を持って、館内入口すぐ右手の複写室

(Photocopy Service)でページを申請すれば、その場ですぐに複写してくれる。USBメモリを持参すればPDFでももらえる。複写室の営業時間は、平日8:30〜25:00、土日12:00〜22:00。館内は登録不要の無料Wi-Fiが完備されており、検索用PC、閲覧スペースも十分に確保されている。　　　　　　　　　　　　　[佐治奈通子]

インフォメーション	
Webサイト	http://www.library.boun.edu.tr/index.php（トルコ語） http://www.library.boun.edu.tr/en/（英語）
住　　　所	34342 Bebek İSTANBUL, Turkey
電　　　話	(+90)212-257-5016
F a x	(+90)212-257-5016
E-mail	bulib@boun.edu.tr
開館日時	月〜金［9:00〜17:15（Summer term）］ 土・日・祝［休］
アクセス	イスタンブルの市街地であるカバタシュ（Kabataş）・タクスィム（Taksim）などから、ルメリ・ヒサル・ウステュ（Rumeli Hisar Üstü）行のバスに乗り、ニスペティイェ・ジャッデスィ（Nispetiye Caddesi）で下車すると、図書館のある北キャンパスに近い。また、新しいメトロの駅「ボアジチ大学Boğaziçi Üniversitesi」が間もなくオープンする予定である。オープンすれば、メトロで市街地から「タクスィム→レヴェント（Levent）→ボアジチ大学」という乗り継ぎができ、非常に便利である。アクセスマップはウェブサイトに掲載されている（http://www.library.boun.edu.tr/en/campus_map.html）。
入館・閲覧に必要なもの	本文参照のこと。

トプカプ宮殿博物館附属図書館・文書館
Library and Archive of the Topkapı Palace Museum
Topkapı Sarayı Müzesi Kütüphanesi ve Arşivi

　トプカプ図書館の正式名称は、トプカプ宮殿博物館附属図書館（Topkapı Sarayı Müzesi Kütüphanesi）という。その名が示すように、トプカプ図書館はトルコ共和国イスタンブルの観光の目玉地区であるスルタンアフメト地区の一大観光スポットであるトプカプ宮殿の構内に位置している。

幸福の門内観.

　筆者は2013年9月、2015年2～3月、2017年8月にトプカプ宮殿博物館附属図書館（以後、トプカプ図書館と略称）を利用した。ここでは、その時の体験を基に、中東地域の歴史研究において非常に重要な写本などの資料を所蔵するトプカプ図書館の紹介と資料閲覧・複写申請の手順を紹介する。なお、トプカプ図書館の利用手続やシステムはしばしば変更されるため、現在の状況とは異なる可能性があることを了解いただきたい。

　また、現在は所蔵資料のカタログ検索と複写申請のみができるトプカプ宮殿博物館敷地内にあるトプカプ宮殿博物館附属文書館（Topkapı Sarayı Müzesi Arşivi）（以下、トプカプ文書館）についても述べる。

● ……………… **収蔵資料**

　トプカプ図書館は、文化観光局公式ウェブサイトによると、写本1万8,000点強を擁する。収蔵資料の冊子形態でのカタログが発刊されている（詳細は下記参照）。また、利用登録が必要だが、トプカプ宮殿博物館のウェブサイトから、図書館収蔵資料の電子検索が可能。この他、トルコ国内の写本の横断検索サイトとしてはトル

コ写本機構 (Türkiye Yazma Eserleri Kurumu) のウェブサイトがある。しかし、このサイトのみならず、トルコ国内での写本の電子検索は、アラビア語であろうとペルシア語であろうとトルコ語訛りのアラビア文字ラテン文字転写で入力しないとヒットしないため、紙のカタログも参照することを推奨する。

　トルコで大量の写本を収蔵する図書館としては、スレイマニィェ・モスクに隣接したスレイマニィェ図書館 (Süleymaniye Yazma Eser Kütüphanesi) が有名だが、トルコ各地の図書館に収蔵される写本の電子データの閲覧・複写申請がほぼスレイマニィェ図書館だけで済んでしまう昨今のトルコでも、トプカプ図書館の所蔵資料はスレイマニィェ図書館では公開されていない。さらに、オスマン帝国の崩壊まで君主の居所の一つであり続けたトプカプ宮殿に所蔵される資料は、他の図書館や文書館に所蔵される資料とは一線を画すまさに「一級品」、「稀覯書」が多く、トプカプ図書館の価値は非常に高いと言えよう。

◉·····················**申請**

　2013年の再開館以降、外国人研究者は、文化観光庁所定の研究許可申請書などの申請書類一式をPDFもしくはJPEGファイル形式でEメールに添付し、トルコ共和国文化観光庁文化遺産博物館局博物館部本局 (在アンカラ) へ提出する必要がある。申請受付後、トプカプ図書館へ文化観光庁から照会し、利用の可否をトプカプ図書館が決定する。申請フォームの入手および提出に関して、連絡先は以下の通りである。

　E-mail: muzearastirmalari@kulturturizm.gov.tr
　Tel:（+90）312-508-6135
　Fax:（+90）312-508-6113

　また、トプカプ図書館所蔵の写本や文書館所蔵の文書の複写データを入手したい場合も、アンカラの文化観光庁に申請フォーム提出と合わせてその旨を連絡する必要がある (かつては文化観光庁イスタンブル県支部にも所蔵資料の複写申請を希望する申請を提出せねばならなかったが、2017年以降はアンカラへの提出のみで可となった)。複数人で閲覧室に入室して資料を閲覧したい場合は、閲覧者希望者全員が上記の申請書類一式を提出する必要がある。調査の希望日時と期間を明記することが申請にあたっ

ては必須である。申請書にはトルコ国内での住所や連絡先を書く欄があるが、宿泊先のホテルの連絡先を書くか、申請時に未定ならば空欄でも可。年が変わると旧年中の閲覧申請の処理を先方が忘れてしまったり、特に理由もなく先方が許可申請の処理を忘れてしまったりすることがあるために、適宜、電話で申請の処理状況を確認することが望ましい。提出書類は、閲覧者の身分と名前、連絡先、研究目的、閲覧したいもしくは複写を取りたい史料の所蔵番号、署名済の嘆願書(dilekçe)とパスポートの写真入りページのコピー、署名済の文化観光庁所定の利用申請書、CV (Özgeçmiş)になる。所属機関の所属証明書や紹介状も必須ではないが提出することが望ましい。この利用申請書は、ベヤズィト図書館、アタテュルク図書館などで使われている利用申請書と同一のものであり、文化観光局に送付を願い出れば、Eメールの添付ファイルなどで申請前に取得することができる。

　平均3ヶ月から半年ほどでトプカプ図書館から文化観光庁経由で利用申請の結果が連絡される。トプカプ図書館館長の裁可が降りて登録番号(kayıt numarası)が発行されれば、資料の請求・閲覧・複写申請が可能となる。

　トプカプ図書館への入室については、まず、トプカプ宮殿博物館へ連絡を取り、自身の名前と身分、研究のために図書館所蔵資料を利用する許可を取得したこと、連絡先(トルコ国内で用いることができる携帯電話の番号などでよい)を伝え、アポイントメント(トルコ語ではrandevu)を取りつける必要がある。トプカプ宮殿博物館の電話番号は0212 512 0480(内線番号125)。Eメール(宛先 toplapisarayimuzesi@kultur.gov.tr.)で連絡することもできるが、忘れられる可能性があるため、電話や直参がより安全であろう。トルコ語が望ましいが英語でも可能。

　職員からアポイントメントがとれたら、観光客でごった返すトプカプ宮殿博物館のチケットブースを脇目に通り過ぎて宮殿第二の門の挨拶の門(Babü's-Selam)向かって左側にある警備員詰所で、研究者であること、アポイントメントがあるので入構証(misafir kartı)を発行してほしい旨を伝えると、15分から1時間ほど待たされた後に許可が下りる。その後、チケットブースに戻り、身分証明書(パスポート)を提示すると、それと引き換えに入構証が発行され、無事に門の突破が可能となる。なお、申請その他でパスポートはこの後も使うので、コピーを用意しておくかパス

トプカプ図書館写本閲覧室

トプカプ宮殿宮廷厨房。この建物の裏がトプカプ文書館になる

ポート番号をひかえておくと便利である。

　トプカプ図書館の閲覧室となっている建物は、宮殿の奥に向かう第三の門である幸福の門(Babü's-Saadet)を抜けて左手の、アアラル・モスク(Ağalar Camii)という往時のモスクを改装した建物になる。閲覧室の向かい側の建物には附属図書館の職員棟とミュージアムショップが入っている。閲覧室にカタログや目録閲覧用のPC、カード目録は置かれていないが、向かいの職員棟内に刊行カタログやカード目録、関連書籍は収蔵されており、その閲覧は可能である。

◉‥‥‥‥‥‥閲覧

　トプカプ図書館閲覧室に入室後、所定の利用申請書類(müracaat)に名前、身分証番号、所属、研究目的、利用期間、閲覧および複写希望資料の所蔵番号などを記入して提出する。所定の申請用紙はウェブサイトから利用登録(名前、所属、ユーザーネーム、パスワードなど)が必要であるが、博物館公式ウェブサイトからもDL可能。上記の利用登録が必要ではあるが、所蔵資料のカタログ検索もウェブ上から可能。

　前述の通り、閲覧室にカタログはないが、閲覧室備付の申請書に請求番号を書いて請求すると、だいたい数十分で閲覧したい写本の複写データをおさめた外付HDDが出てくる。職員に閲覧室備付のPCへ外付HDDから閲覧申請した写本のデータをコピーしてもらい(いっそ外付HDDを丸ごとコピーしたい欲にかられる瞬間である)、モニタで閲覧する。閲覧室へ持参したパソコンの持ち込み、メモを取ることは許可されている。まだ電子化されていない資料の場合は、資料の現物が運ばれて

くる。白手袋を渡され恭しく自分で資料をめくり、上質な紙の上に典雅な書体で書かれペンの運びも生々しい写本現物をおがむ機会は、トルコではもはやほとんど出来ない経験になってしまっているので貴重である。

　天井が高く暖房や冷房が動いていない閲覧室はやや寒いもしくは暑い。観光地であるため少し外は騒がしい。閲覧室の中でもひっきりなしに大型ブックスキャナで所蔵写本の電子化作業が行われているためやや騒がしい。なお、チャイのサービスは職員専用である。

◉⋯⋯⋯⋯⋯⋯⋯複写

　持参したデジタルカメラでの資料撮影は不可。所定の複写申請書に資料の請求記号と複写取得希望ページを書いて、館長室へ提出する。料金は、テキストのみのページは1コマ2トルコ・リラ（1トルコ・リラ＝約20円）。細密画など美術的価値が認められるページを複写する場合は1コマ10リラ。細密画などの閲覧申請にあたっての特別な申請書などの提出は不要。

　複写物の受取は、挨拶の門から宮殿に入ってすぐ右側の宮殿厨房の裏手にある建物の写真室(fotoğrafhane)で行う。トプカプ宮殿博物館がデジタルカメラで撮影したJPEGデータを焼いたCD-Rがもらえる。筆者は先方の好意でチャイを飲みながら写真室のPCで1枚1枚送りながら複写を取る箇所を確認させてもらえた。この建物のまわりは警備員、ガイド、その他博物館で働く人々の休憩場になっているようでたくさんの人が談笑しており、勝手に出てくるチャイをすすりながら「日本で働くと俺はどれぐらい稼げるのか」という楽しい質問の相手ができる。

　写真室の向かいには、現在、カタログの閲覧と所蔵番号を伝えることで資料の複写申請のみができるトプカプ文書館がある。なお、収蔵資料カタログのウェブサイト上での検索サービスは2014年に開始された(http://topkapisarayi.gov.tr/en/palace-archive-documentまたはhttp://topkapisarayi.gov.tr/en/palace-archive-registerともに利用にあたってはユーザー登録必須)。また、イスタンブルの大統領府オスマン文書館ではトプカプ文書館所蔵史料の一部が移管され、電子データの閲覧と複写申請がオスマン文書館でも可能となった。移管作業は現在も進行中である。

　複写代の支払いは館長室地下の会計掛(veznecilik)で行う。現金トルコ・リラ払いの

写真中央にトプカプ宮殿を臨む

みで外貨やクレジットカードの使用は不可。トプカプ宮殿内にATMや両替所(döviz)はないが、宮殿の周囲は観光地のため、あちこちに両替所やATMがある。金額が大きい場合は指定銀行の文化観光局名義口座への振り込みを指示される場合がある。指定口座に現金を振り込もうとすると、当該口座が閉鎖されていて振り込みができないこともある。また、短期滞在の外国人は銀行窓口での口座振込ができない(外国人がトルコの銀行の窓口で口座振込を行うためには、滞在許可証もしくは納税者番号の提示が必須)ため、知人のトルコ人に振込を代行してもらわねばならず、不便である。

◉‥‥‥‥‥‥‥‥‥**その他**

　宮殿の中は物価高のスルタンアフメト地区の中でも尋常ではないインフレを起こしている。例えば、チャイは1杯6リラ(2015年現在)、チキンのドネル・ケバブとマトンのドネル・ケバブがどういうわけか同額の20リラ(2015年現在)と市価の4〜5倍の値段がついている。水や軽食を持ち込むことをお勧めしたい。ただし、ボスフォラス海峡を宮殿の岬の高台から眺めながら飲むチャイは驚くほど格別ではある。

　複写や申請待ちで時間が余ったり疲れたりした場合は、宮殿の中をウロウロするだけで充分に時間は潰れるだろう。また、宮殿が位置するスルタンアフメト地区は有数の観光スポットかつイスタンブルの書店の集まっているエリアの1つでもあり、本や史跡を物色するのも楽しい。

◉‥‥‥‥‥‥‥‥‥**目録**

・Topkapı Sarayı Müzesi Kütüphanesi Arapça Yazmalar Kataloğu

全4巻・アラビア語で書かれたトプカプ図書館所蔵写本目録
・Topkapı Sarayı Müzesi Kütüphanesi Türkçe Yazmalar Kataloğu
全2巻・オスマン語(アラビア文字を主に用いて書かれたトルコ語)で書かれたトプカプ図書館所蔵写本目録
・Topkapı Sarayı Müzesi Kütüphanesi Farsça Yazmalar Kataloğu: No. 1-940
ペルシア語で書かれたトプカプ図書館所蔵写本目録　　　　　　　　［岩本佳子］

トプカプ文書館のすぐ側に残るビザンツ帝国時代の遺物

インフォメーション	
Webサイト	http://www.topkapisarayi.gov.tr/（トルコ語） https://topkapisarayi.gov.tr/en（英語）
住　　所	T.C. Kültür ve Turizm Bakanlığı Topkapı Sarayı Müzesi Müdürlüğü, Sultanahmet, Fatih, İstanbul, Turkey
電　　話	(+90)212-512-0480
Ｆ　a　x	(+90)212-526-9840
E - m a i l	toplapisarayimuzesi@kultur.gov.tr
開館日時	月・水～金 [9:00 ～ 12:00] [13:00 ～ 16:00] トプカプ宮殿博物館は火・土・日（休） 開館日の12時から13時の間は閲覧室に荷物を置いておくことができない。
アクセス	最寄りのトラムヴァイ(路面電車)T1線ギュルハーネ(Gülhane)もしくはスルタンアフメト(Sultanahmet)駅より徒歩約10分。
入館・閲覧に必要なもの	利用請願書、パスポート、パスポートの写真入りページのコピー、CV、所定の利用申請書、所属を証明する書類、博士前期または後期課程在籍の場合は研究テーマを記した書類。 事前に文化観光庁博物館部への連絡が必要。

欧米諸国

WESTERN COUNTRIES

ドゥブロヴニク国立文書館
The State Archives in Dubrovnik
Državni arhiv u Dubrovniku

　ドゥブロヴニク国立文書館(Državni arhiv u Dubrovniku)は、世界遺産であるドゥブロヴニク旧市街のスポンザ宮殿内にある。『中世都市ドゥブロヴニク』を著したクレキッチは、日本語版への序文でこの文書館について次のように述べている。「ドゥブロヴニクに格別の興味をかきたてるもの、またその過去をきわめて詳細に知らせてくれるものは、市内に保存されている素晴らしい古文書である。ドゥブロヴニク歴史古文書館がヨーロッパで最も大部の、最も多様な史料集の1つを所蔵していることは確かで、時代的にも11世紀から今日にまで及ぶ。1920年、世界中の学界に役立たせるべく、古文書館は近代的な機関として組織された。(中略)ドゥブロヴニクは幸運にも、過去から受け継いできた記録類の富を、20世紀の2度にわたる世界大戦にも保存しおおせた。ユーゴスラヴィアや外国の学者が多数、ドゥブロヴニク歴史古文書館で絶えず研究をしている」(クレキッチ 1990: 3-6)。ドゥブロヴニクという、地中海世界とバルカン諸国との間にあった魅力的な中世都市の記録は、広く世界中の研究者に開放されている。

◉⋯⋯⋯⋯⋯**資料概要**

　11世紀以来の貴重な史料を保存しており、1022年の文書が最も古い。その多くはラテン語で書かれているが、イタリア語、クロアチア語、オスマン語の文書も多数存在している。オスマン語文書は1万5,000点以上所蔵されている(Državni arhiv u Dubrovniku 2011: 9)。同館のコレクションは3つの部門から成り立っている。ドゥブロヴニク共和国の記録(1808年まで)、フランス占領時代の記録(1808〜1814年まで)、およびその後の記録である(クレキッチ 1990: 3)。

●·················**カタログ**

　写本・文書史料については紙カタログが存在している。閲覧室でのみ利用可能。クロアチア語。デジタルカタログも準備が進められているとのことだが、もう少し時間が必要そうだ。

　オスマン文書が収められている史料群"Serija 75: Acta Turcarum"に関しては、十分カタログ整備がなされておらず、この史料群のカタログを見たいと言うと、カタログ編纂の過程で用意されたと思われる複数の研究者による下書きを見ることができた。下書きの多くは手書きのクロアチア語なので、クロアチア語に精通していないと読み解くのは非常に困難であると思われる。ただ、それぞれ年代と文書の種類ごとに分類されているので、それを手掛かりに欲しい史料を見つけることが可能かもしれない。とはいえ、利用者はあらかじめ研究書や論文で、閲覧したい文書の番号を確定させ、クロアチア語を勉強してから来ることを強くお勧めする。

　2002年、この史料群の分類・カタログ化のプロジェクトが開始され、現在、フェルマーン2,200点、ボスニア州とヘルツェゴヴィナ県のブユルルドゥ321点についてはカタログが出版されている。今後も継続的に作業が行われる見込みである。

- Miović, V.（2005）*Dubrovačka Republika u Spisima Osmanskih Sultana: s analitičkim inventarom sultanskih spisa serije Acta TuTurcarum Državnog arhiva u Dubrovniku*, Dubrovnik.
- Miović, V.（2008）*Dubrovačka Republika u Spisima Namjesnika Bosanskog Ejaleta i Hercegovačkog Sandžaka: a analitičkim inventarom bujuruldija（1643-1807）serije Acta Turcarum Državnog arhiva u Dubrovniku*, Dubrovnik.

　出版物カタログは存在しない。所蔵図書の書誌情報は、目録カードに記され、それらの目録カードは閲覧室の引き出しに納められている。カードはアルファベット順に並んでいるが、著者名で採られている場合と、書名で採られている場合があるので注意。

[佐治奈通子]

● 参考文献
Državni arhiv u Dubrovniku (2011) *Iylozba Najranija Subrovačka Stoljeća: Replike restauriranih isprava iy fundusa Dubrovaćkog arhiva do godıne 1200*, Dubrovnik.
バリシァ・クレキッチ、田中一生(訳)『中世都市ドゥブロヴニク：アドリア海の東西交易』彩流社、1990。

ドゥブロブニクの風景

インフォメーション	
Webサイト	http://www.dad.hr/ （クロアチア語）
住　　所	Sv. Dominika 1, 20000 Dubrovnik, Croatia
電　　話	(+385)20-321-031, 321-032
Ｆ　ａ　ｘ	(+385)20-321-060, 321-190
E-mail	dad@dad.hr
開館日時	月～金［8:15 ～ 15:00］ 土［8:15 ～ 13:30］ 日・祝とその前日［休］ 土曜日は書庫が閉まるので資料請求できない。請求を金曜日までに済ませておくと取り置きをしてくれるので、土曜日に閲覧可能。
アクセス	旧市街プリィエコ（Prijeko）通りの突き当りにある、スポンザ宮殿2階に文書館がある。
入館・閲覧に必要なもの	入館・閲覧室利用の際にはパスポートや許可証の提出は必要ない。現地で利用申請書に記入する。資料を請求・閲覧する際には別の請求フォームに記入する。
その他	インターネット、Wi-Fi完備

サラエボ東洋学研究所
The Institute for Oriental Studies in Sarajevo
Orijentalni institut u Sarajevu

入口概観。壁面の銃痕修復跡が、内戦の悲惨さを物語っている

1950年設立、かつてガーズィ・フスレヴ・ベグ図書館に次いで、バルカン最大級の蔵書数を誇るボスニアの東洋研究の中心的施設であったが、1992年、内戦の中でほとんどの蔵書が焼失してしまった。爆撃を受けた際、偶然にも利用者が自宅に持ち帰っていた資料が数点現存しているとのことであるが、現在の所蔵資料の大部分は、内戦後にトルコ共和国イスタンブルの首相府オスマン文書館 (Başbakanklık Osmanlı Arşivi) などから、ボスニア関連の資料のコピーを再収集したものである。とはいえ、依然ボスニアの東洋学の中心であることは変わりなく、この地域の研究を志す者が情報収集のために訪れることには十分な意義があると思われる。

● ⋯⋯⋯⋯⋯⋯⋯ 所蔵資料

前述のように、内戦時に所蔵資料の大半は焼失していまい、現在は外部から再収集した複写資料と雑誌が主な蔵書となっている。内戦以前の所蔵資料については、アラビア語、オスマン語、ペルシア語、ボスニア語などの写本5,263点、シャリーア法廷台帳60点、文書史料20万点以上、出版物1万5,000点となっており、このような素晴らしいコレクションが一夜のうちに失われてしまったことが残念でならない。

● ⋯⋯⋯⋯⋯⋯⋯ カタログ

3点の写本カタログが出版されている。うち2点は内戦以前に編纂されたもので

ある(1997年のカタログは、出版自体は戦後となってしまったが、準備は内戦以前になされていた)。最初の2冊に記載されているもののほとんどは焼失しており、また2009年版に記載されたもののほとんどは外部からの複写資料であることに留意が必要である。

- Trako, S.（1986）*Katalog Perzijskih Rukopisa: Orijentalnog Instituta u Sarajevu*, Srajevo.
- Trako, S. & Gazić, L.（1997）*Katalog: Rukoposa Orijentalnog Instituta -Lijepa Književnost-*, Sarajevo.
- Gazić, L.（2009）*Katalog: Arapskih, Turskih, Perzijeskih i Bosanskih Rukopisa*, London-Sarajevo.

[佐治奈通子]

●参考文献
Ljubović, A. & Gazić, L.（eds.）（2000）*Orijentalni Institut u Sarajevu, 1950.-2000.*, Sarajevo.

インフォメーション

Webサイト	http://www.ois.unsa.ba（ボスニア語） http://ois.unsa.ba/index.php/en/（英語）
住　　　所	Zmaja od Bosne 8b, 71 000, Sarajevo, Bosnia and Herzegovina
電　　　話	(+387)33-225-353
Ｆ　a　x	(+387)33-225-353
E-mail	ois@bih.net.ba
開 館 日 時	月～金［9:00～11:00］ 土・日・祝［休］
アクセス	旧市街からイリジャ（Ilidža）方面行きのトラムバイに乗り、ホリデイイン（Holiday in Sarajevo）かアメリカ大使館（Ambasada Sjedinjenih Američkih Država）前の駅で下車。アメリカ大使館西側に位置する、サラエボ大学構内にある。
入館・閲覧に必要なもの	パスポートや認証証の提出は必要ない。資料の貸出しは不可。

ガーズィ・フスレヴ・ベグ図書館
Gazi Husrev-beg Library
Gazi Husrev-begova Biblioteka

ガーズィ・フスレヴ・ベグ図書館入口。2014年オープンなので真新しい。

　サラエボの旧市街、バシュチャルシヤ(Baščaršija)の一角に存在しているガーズィ・フスレヴ・ベグ図書館(Gazi Husrev-begova Biblioteka)は、バルカン最大級の図書館の1つである。1537年にボスニア県知事であったガーズィ・フスレヴ・ベイ(Gazi Hüsrev Bey)が、ワクフ制度に基づいて建設したメドレセに端を発する。1861年、トパル・オスマン・パシャ(Topal Osman Paşa)がボスナ・ヘルセック州知事として赴任し、2年後の1863年にジャーミー横に図書館を建設したことにより、正式に図書館として機能し始めた。長らく同場所に図書館が置かれていたが、所蔵資料や利用者の増加のために、1935年、ミリャツカ川南側のツァーレヴァ・ジャーミー(Careva Camii)近くに移動された。1990年代の内戦時には所蔵資料が焼失したのではと危惧されたが、資料は複数の場所に分散して保管されたため、ほぼすべてが焼

失を免れた。その後、2014年に再びガーズィ・フスレヴ・ベグ・ジャーミー向かいにある同ワクフ敷地内に移設された。現在の建物は非常に近代的で、地下には博物館も併設されている。博物館への入館料は2マルク。

◉・・・・・・・・・・・・・・・・・**所蔵資料とカタログ**

所蔵資料は約10万点の写本、出版物、定期刊行物、文書から成り、それらはアラビア語、オスマン語、ペルシア語、ボスニア語およびその他欧州諸言語で書かれている。このうち、1万50点以上が写本資料であり、その内容はイスラーム科学、哲学、数学、歴史、薬学、文学、天文学など多岐に亘っている。その他、豪華な装飾がほどこされた貴重なムスハフ、ボスニア出身のムスリムが記した写本、イジャーザ、約5,000点のオスマン公文書（フェルマーン、ベラートなど）、約1,600点のワクフ文書、88点のサラエボのシャリーア法廷記録、数点のボスニア他地域のシャリーア法廷記録などが所蔵されている。

現在、所蔵資料のカタログ化が進行中である。作業は「写本→出版物→文書」の順に行われており、現在写本に関してはほぼ作業が終了しているが、出版物・文書についてはまだ時間がかかる見込みである。同時にそれらのオンライン検索の準備も進められているが、作業は始まったばかりで、まだ不完全である。オンライン検索は館内のパソコンでのみ利用可能である（ウェブサイトは現在工事中。いずれ外部からもアクセスできるようになるとのこと）。

写本については、紙カタログ18巻が出版されており、その全てがPDF化されウェブサイトから閲覧可能（http://www.ghb.ba/katalozi-rukopisa）。

出版物については、紙カタログはない。現在オンライン検索でのみ作業進行中。年報"Anali"は、最新刊を除いて、ウェブサイトから閲覧可能（http://www.ghb.ba/anali-ghb-biblioteke）。

文書については、紙カタログはない。現在オンライン検索でのみ作業進行中。カタログ化がまだほとんど進んでいないため、閲覧したい文書を事前に確定させた上で現地に赴き、専門の図書館スタッフに直接聞く必要がある。

◉・・・・・・・・・・・・・・・・・**利用方法**

入館・閲覧の際にパスポートや許可証の提出は必要なく、レセプションで利用費

用を支払えば良い。費用は利用期間ごとに異なっており、1日3マルク、1週間5マルク、1か月10マルク、6か月20マルク(学生10マルク)、1年30マルク(学生15マルク)となっている。以前はボスニア文化観光庁の許可証が必要であったようだが、現在は必要ないとのこと。閲覧室内の資料請求フォームに記入して図書館スタッフに提出すると、10分程度で資料を出してくれる。複写については、写本は1ページ1マルク。ただし、一部貴重書は1ページ1ユーロ、複写自体が不可能なものもある。雑誌・出版物は1ページ50フェニンガ(0.5マルク)。文書は1ページ1マルク。カメラでの撮影は禁止されている。

◉……………………軽食とインターネット利用

　受付奥にカフェテリアがある。軽食等はないが、コーヒー、チャイを飲むことができる。フリーWi-Fiが利用できる。　　　　　　　　　　　　　　　[佐治奈通子]

●参考文献
　　Jahić, M. (2013) *Gazi Husrev-beg Library*, Sarajevo.

インフォメーション

Webサイト	http://www.ghb.ba（ボスニア語） http://www.ghb.ba/eng（英語）
住　　所	Gazi Husrev-begova 46, 71000 Sarajevo, Bosnia and Herzegovina
電　　話	(+387)33-238-152
Ｆ　ａ　ｘ	(+387)33-205-525
E‐mail	info@ghb.ba
開館日時	月〜金 [8:00 〜 16:00] 土 [8:00 〜 16:00] 日・祝 [休]
アクセス	トラムバイ1番、3番のいずれかに乗り、バシュチャルシヤ（Baščaršija）で下車する。ガーズィ・フスレヴ・ベグ・ジャーミーの向かいにある、同ワクフ敷地内にある。
入館・閲覧に必要なもの	本文参照のこと。

フランス国立図書館の電子図書館 "Gallica(ガリカ)"

The BnF digital library Gallica
Gallica, la Bibliothèque numérique de la BnF

◉·············· **フランスの巨大電子図書館 "Gallica(ガリカ)"**

　"Gallica(ガリカ)" は1997年に設立されたフランス国立図書館とその連携図書館のデジタルライブラリーである。連携図書館は現在270館におよび、フランス本土と海外領土の公共図書館、大学図書館、美術館・研究機関・行政機関等に設置された図書館、地方自治体のアーカイブが含まれている。フランス国外の連携図書館は、アメリカ議会図書館のほか、ブラジル国立図書館(Biblioteca Nacional do Brasil)、コートジボアール国立図書館のアクワバ(Akwaba)、カリブ海・アマゾン・ギアナ高地を主題にした電子図書館マニオック(Manioc)、ベイルート(レバノン)のサン・ジョセフ大学東洋学図書館(Bibliothèque Orientale de l'Université Saint-Joseph de Beyrouth)などがある。

　"Gallica" に掲載されている資料点数は2019年2月27日現在、500万1,350点に達している("Gallica"トップページ表示の点数)。資料種別ごとの内訳は図書59万1,284点、新聞・雑誌248万4,463点、手稿11万5,107点、画像資料128万987点、楽譜5万2,487点、録音資料5万1,064点、博物資料35万9,748点、地図資料15万7,209点、動画1,432点である(以上合計509万3,781点、https://gallica.bnf.fr/GallicaEnChiffres掲載の点数)。日本の国立国会図書館デジタルコレクションのうちインターネット公開されている資料の数は2018年9月時点で53万点であるから、9倍強の点数の資料が "Gallica" では公開されていることになる。

　"Gallica" に関する日本語の情報としては、[栗山 2003]がその概要を紹介しているほか、カレントアウェアネス・ポータル(図書館界、図書館情報学に関する最新の情報を提供する国立国会図書館のウェブサイト)が最新情報を随時提供している。とくに2016年以降積極的に展開されている他機関との相互協力や著作権処理については[服部 2017]が詳しい。

トップページ(フランス語) 出所:gallica.bnf.fr / Bibliothèque nationale de France

　"Gallica"は現在3言語(フランス語のほか、英語とイタリア語)でサービスが提供されており、閲覧・ダウンロード／印刷といった基本的なサービスに関しては英語で利用が可能である。とりわけ著作権処理済みの図書の場合、オンラインで全頁を閲覧・ダウンロード／印刷できるコンテンツが多く、非常に利便性が高い。以下、普段フランス語を使用する機会のないアジア研究者や多言語サービスに従事する図書館職員の利用を念頭に、簡潔に利用方法を説明し、ユーザーとして気付いた点を挙げたい。

◉……………**資料検索方法**

　まず、"Gallica"のトップページにアクセスする。

　そのままフランス語で利用する場合は、画面左上"Gallica"のロゴの横の検索バーで検索する。その際注意すべきこととしては、大学のOPAC等がオンラインの「蔵書目録」であり、著者やタイトル、件名といった限定された情報のみを検索対象にしているのに対し、"Gallica"は「百科全書的」電子図書館を目指しており資料の本文等を検索対象にしていることである。したがって漫然と検索するといわゆる「ノイズ」が多くなり、目的のコンテンツにたどり着けない。「詳細検索(Recherche avancée / Advanced Search)」で出版年や資料種別、所蔵先を限定するか、少なくとも

「Gallica全体(Tout Gallica / All)」にそのまま検索ワードを入力するのではなく、「書籍(Livres / Books)」など資料種別を限定することを推奨する。

英語またはイタリア語に切り替える場合は、トップページ右上の「FR」をクリックすると切り替えられる。検索方法の注意点はフランス語利用の場合に同じである。

◉⋯⋯⋯⋯⋯⋯閲覧方法

検索するとオンラインで閲覧可能な資料(Documents consultables en ligne / Documents that can be consulted on line)と著作権保護期間内であるため、館内専用システム "Gallica intra muros(ガリカ・イントラムロス)" で閲覧可能な資料(Documents consultables sur place / Documents that can be consulted on site)の点数がそれぞれ表示される。検索ワードは黄色マーカーでハイライトされる。オンラインで閲覧可能の場合、資料目的の資料のタイトルかサムネイル画像をクリックする。資料の書誌情報は、資料閲覧ページの左側の「i」のアイコン「詳細情報(Informations détaillées / Detailed information)をクリックすると、「詳細情報(Informations détaillées / Detailed information)」のウィンドウが表示される。資料そのものの所蔵先は、「原資料(Source)」の箇所に「Bibliothèque nationale de France, département Philosophie, histoire, sciences de l'homme, 4-O2-545 (19)」といった形式で示される。またフランス国立図書館のOPACのリンク先は、「書誌情報(Notice du catalogue / Relationship)」に示され、OPACのページ右側の「資料の所在(LOCALISER CE DOCUMENT)」から利用可能な資料の一覧を見ることができる(リンク先はフランス語ページのみ)。

閲覧の際には画面に表示される画像の大きさを変更したり、テキストのみを表示させたり、テキストを音声化したりすることができる。テキストについては、資料それぞれについてOCRの推定精度が示される(画像の資料に関しては84.91%と表記されている)。"Gallica" では本文フルテキストのキーワード検索によって思いがけない情報が発見できる。しかしながら、資料の頁を次々にめくって読み飛ばすことができないため、目的の情報が資料内のどのあたりにまとまって掲載されているのか探すのは一苦労である。そのような場合は資料閲覧ページの左側の正方形と長方形のタイルを複数貼り合わせた形のアイコン「キャプション - 目次(Légendes - Table des matières / Captions – Table of contents)」をクリックすると、テキストが表示され、希

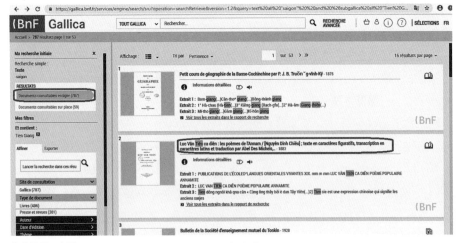

検索結果　出所：gallica.bnf.fr / Bibliothèque nationale de France

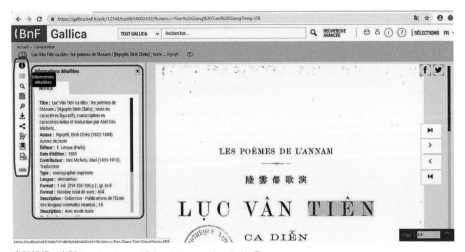

書誌情報　出所：gallica.bnf.fr / Bibliothèque nationale de France

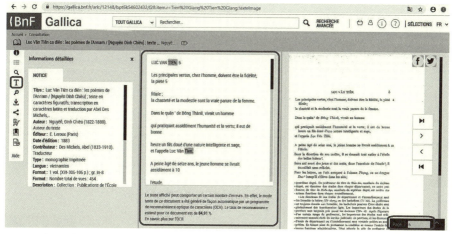

テキスト表示　出所：gallica.bnf.fr / Bibliothèque nationale de France

望する章や節に移動することができる。しかしながら、「キャプション-目次」はすべての資料について用意されているわけではない。著者が考える"Gallica"の最も優れている点は、電子図書館上の頁が、画像の番号(コマ番号)ではなく、原資料の頁付けのまま表示されるという点である。要するに、資料の引用個所を確認したい場合、閲覧画面右下の「頁(Page)」に直接数字を入力すると、原資料の該当する頁を閲覧することができる。

◉‥‥‥‥‥‥‥ダウンロード／印刷／複製の入手

　ダウンロード／印刷には、資料閲覧ページの左側のダウンロードのアイコン「ダウンロード／印刷(Téléchargement - impression / Downloading - printing)」をクリックする。フォーマット(PDF, JPEG, txt)を選択し、使用許諾を行う。「使用条件(contditions d'utilisation / Conditions of use)」をクリックすると、フランス語版の利用規約「Gallicaコンテンツの使用条件(Conditions d'utilisation de Gallica)」が現れる。このページの英語版は用意されていない。非商用利用については、情報源を"Source gallica.bnf.fr / Bibliothèque nationale de France"または"Source gallica.bnf.fr / BnF"のように明示すれば自由に無償で利用できる。商用利用については、同ページの「料金とライセンスについてはこちら(Cliquer ici pour accéder aux tarifs et à la licence)」をクリックす

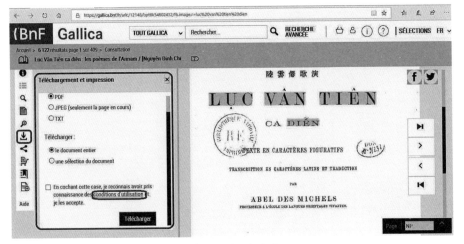

ダウンロード　出所：gallica.bnf.fr / Bibliothèque nationale de France

ると、フランス国立図書館の複写サービスのうち、商用利用のページが表示される。このページは英語もしくはスペイン語に表示を切り替えられるので、好みの言語のページで複写申し込みを行うことができる。複製を入手したい場合は、資料閲覧ページの右側のカートのアイコン「複製を購入(Acheter une reproduction / Buy a reproduction)」をクリックする。複製物の品質に応じて、美術複製か「読めればよい」のかを選択し、前者の場合はリンク先のフランス国立図書館の複写申し込みページから申し込む。後者の場合は提供可能な業者が表示されるのでそちらから申し込む。

　ダウンロード／印刷は、全頁が可能なものが多い。執筆者の経験では、多くのフランス領インドシナ政庁や各邦の出版物(年鑑類・定期刊行物等)は全頁のダウンロード／印刷が可能であり、非常に便利である。一方、地図資料に関しては、閲覧の段階では高精細画像が提供されるが、ダウンロード／印刷の段階では画質が大幅に制限される。資料の性質によっては(どんなに古いものであっても)"Gallica"では電子展示ないし資料検索といった機能のみが提供され、その場合高精細画像のダウンロード／印刷に関しては"Gallica"を窓口にフランス国立図書館等に複写申請を行う必要がある。

電子展示会「フランスと日本　ひとつの出会い 1850-1914」　出所：http://www.ndl.go.jp/france/index.html

●………… 日本との関係

　日仏文化協力90周年を記念し、2014年12月フランス国立図書館と日本の国立国会図書館は双方で電子展示会を実施した。フランス側の電子展示会「フランスと日本　ひとつの出会い 1850-1914」(http://expositions.bnf.fr/france-japon/index_jp.htm)では、"Gallica"の資料が掲載されており、トップページ右下「本サイトの全資料」をクリックすると、掲載資料が"Gallica"上で表示される。これらの資料は"Gallica"上でFranceJp0という検索ワードを入力しても閲覧が可能である。日本側の電子展示会は「近代日本とフランス――憧れ、出会い、交流」(http://www.ndl.go.jp/france/index.html)である。

　また"Gallica"ではフランス語国立図書館が所蔵する55点の地球儀・天球儀の3D（三次元）データを掲載している。55点のデータは、"Gallica"上でVersion numérique 3Dという検索ワードを入力すると表示される。資料種別はすべて「地図(Cartes /

Maps)」に分類されている。これらのデータはフランス国立図書館と大日本印刷株式会社の連携プロジェクトによって公開されたものである。詳細は「地球儀の3Dデジタル化(Numérisation des globes en 3D)」ページ(https://gallica.bnf.fr/html/und/numerisation-des-globes-en-3d)を参照(フランス語のみ)。なお、それぞれの資料の書誌情報の「記述(Description)」のフィールドにはその旨記載がある。　　　　　　　　［澁谷由紀］

● 参考文献等
栗山正光. 2003.「フランス語資料の電子図書館」『日仏図書館情報研究』29: 1-12.
服部麻央. 2017.「フランス国立図書館の電子図書館Gallicaの20年」『カレントアウェアネス』333 (CA1905): 5-7.
"Gallica(ガリカ)"
https://gallica.bnf.fr/accueil/fr/content/accueil-fr?mode=desktop(2019年2月27日閲覧)
国立国会図書館(日本)ウェブサイト
http://www.ndl.go.jp/jp/preservation/digitization/index.html(2018年11月7日閲覧)

パリのベトナム料理店

インフォメーション

Webサイト　https://gallica.bnf.fr/accueil/fr/content/accueil-fr?mode=desktop("Gallica(ガリカ)")(フランス語・英語ほか) iOS用、Android用のアプリも無償提供されている。
http://www.bnf.fr/fr/acc/x.accueil.html (フランス国立図書館)
フランス語のほか、日本語を含む9言語で利用可能。

ブリティッシュコロンビア大学・アジア図書館
Asian Library, The University of British Columbia

　カナダ、バンクーバー所在のブリティッシュコロンビア大学(The University of British Columbia、以下UBC)アジア図書館(Asian Library)はカナダ最大級のアジア研究図書館である。筆者は2016年6月に同館を実際に訪問する機会があった。たまたま同月にUBCにおいて開催されたワークショップ「2016 UBC One Asia Project Conference: "Korea-China Relations in 1350-1900"」に、同大学アジア学科(Department of Asian Studies)のNam-lin Hur(許南麟)教授のご尽力により、木村拓氏(当時U-PARL特任研究員、現鹿児島国際大学准教授)、鈴木開氏(当時日本学術振興会特別研究員、現滋賀県立大学助教)とともに参加する機会があったためである。

　当時の見聞および関係文献によってUBCアジア図書館の概略について報告したい。筆者の専門は歴史学、とりわけ17〜19世紀の朝鮮王朝史であるのでその関係から述べる。

● ……………… 概要と収蔵資料

　UBCのあるブリティッシュコロンビア州バンクーバー都市圏はアジア系移民が多く、とりわけ中国系住民の人口は40万人程度といわれている。また韓国系、日本系も多く、日系と中国系は移住が19世紀まで遡る。そのなかでUBCはアジア関係の研究が盛んに行われている大学であり、在籍するアジア研究者の人数はカナダトップクラスであると思われ、現地出身のアジア系学生、アジア圏からの留学生が非常に多い大学である。こうした背景としては、北米大陸の諸都市のなかでもバンクーバーは東アジア各地からのアクセスが良いことが挙げられる。太平洋航路の時代においてバンクーバーは北米の最初の上陸地であったほか、現在でも大圏コースの関係で、バンクーバーまでは成田から飛行機への直行便で9時間程度と、東アジアからのアクセス時間が短い。

　UBCは1908年に設立された、カナダ最大級の総合大学であるが、バンクーバー

アジアセンター

アジア研究所

庭園

西南の半島に広大なキャンパスを構えている。アジア図書館はそのなかの東部の文系地区に所在し、周辺には新渡戸記念庭園、茶室、平和の鐘がある。図書館は独特な建築のアジアセンター(Asian Centre)に入っている。アジアセンターの建物は実は大阪万博の三洋館を移築し、1981年に竣工したものである。

なお、アジアセンターに近接して、アジア学部(Department of Asian Studies)とアジア研究所(Institute of Asian Research)が配置されており、UBCのアジア研究、教育関係組織が集約されているといえる。アジア研究所は、戦前からある著名なアジア太平洋研究の雑誌"Pacific Affairs"の発行をThe Institute of Pacific Relations(IPR、太平洋問題調査会)から1960年代に引き継いだ研究所であるが、東京大学東洋文化研究所と同様に獅子を玄関に置いているのが興味を引く。

そろそろアジア図書館の内容に入っていこう。アジア図書館の蔵書から見ていく。アジア図書館のサイトおよび日本担当司書の加藤

直子博士の話によると、蔵書数は64万7000冊(2015年6月現在)であり、言語は中国語、日本語、朝鮮語、ペルシャ語、南アジア諸語、東南アジア諸語からなるとのことであった。特徴は全学のアジア諸語の図書を集中的に配置していることで、西洋語で書かれたアジア研究図書は、全学の中央図書館であるWalter C. Koerner Libraryに多くが収蔵されており、西洋語の雑誌もその近くの図書館に収蔵されているとのことであった。

中央図書館であるWalter C. Koerner Library

　アジア図書館ではこうしたアジア諸語の図書が3層に分かれて収蔵されていた。フロアは2階が中国語、日本語、朝鮮語(いわゆるCJK)の単行本、1階がレファレンスブック(言語別には分けない)、地下が各言語の雑誌とペルシャ語、南アジア諸語(パンジャービー、ウルドゥー、ヒンディー、サンスクリット)、チベット、東南アジア諸語図書(ベトナム、インドネシア)と配置されていた。2階は中国語、日本語、朝鮮語の図書が言語別ではなく、主題別に配架されていた。地下の南アジア諸語、東南アジア諸語図書は言語別に配架されていた。

　1階で試しに朝鮮関係のレファレンスブックを見てみたところ、朝鮮語学については韓国、北朝鮮、日本で近年出た主要な朝鮮語辞典は網羅されており、歴史についても韓国や日本で出た主要な論著目録、参考書籍が配架されていた。北朝鮮刊行の文献は韓国では閲覧規制があり、ほかの国でも韓国以外で刊行された新しい朝鮮研究文献が並ぶことは多くないように思われ、UBCでこうしたかたちで主要国の近刊の朝鮮研究文献が並んでいることは大きな特徴といえる。その背景としてはUBCに朝鮮研究者が少なからず在籍しており、カナダが北朝鮮と国交がある(日本やアメリカ、フランスは北朝鮮と国交がない)ことと関係があるように考えられる。

　2階では前近代の東アジア学の基本史料となる四庫全書影印版はもちろんのこと、四庫全書存目叢書、四部叢刊などの史料が開架となっており、多くの日中朝研究文献と並んでいるのが目を引いた。

地下では東アジアで刊行された東アジア研究に関する主要な学術誌が揃っていた。たとえば日本を代表する東洋学研究機関である東洋文庫、京都大学人文科学研究所、東京大学東洋文化研究所の刊行誌などももちろん並んでいた。中国、韓国の学術誌ももちろん多い。こうした資料の目配りをみると、東アジア各国から、同所に長期滞在して研究を進める研究者が少なくない理由が理解できるようになった。

加藤直子博士には突然の訪問にも関わらず、図書館の体制や関係文献について詳細に教えていただくことができた。インタビューによると、図書館は専門ライブラリアン6名で運営しており、地域別に担当が分かれているとのことであった。ライブラリアンは学位を持つ専門家が就いており、大学のファカルティメンバーであることが特徴である。代理店を介した購入のための選書も行うが、資料は現地関係者からの寄贈も多いという。寄付者とのやりとりや展示もライブラリアンの重要な業務となっているとのことで、日本でのサブジェクトライブラリアンの業務について示唆を得たように思う。

● ・・・・・・・・・・・・・・・・・・・・・・・図書館の沿革とコレクション形成

最後に図書館の沿革と、特色あるコレクション形成の関係を、先行研究にしたがって紹介したい。UBCのアジア研究は1948〜49年にHo Ping-ti（何炳棣、中国社会史の研究者。科挙の研究で著名）教授により"Modern Chinese History since 1644"というコースが開講されたことにはじまり、1949年にアジア図書館が開館した。1959年に中国広東省永済を故郷とする中国古典籍コレクションである、Puban〔蒲板〕コレクションを受け入れることになったという（Yuen: 234）。

カナダ国内でアジア研究の分野で先行していたトロント大学やマックギル大学ではすでに中国研究が行われていたことから、新たにUBCでは日本研究、韓国研究を拡大することになり、1956年には日本研究者のロナルド・ドーア（日本農村の社会学的研究で有名）がUBCに着任し、1960年にはアジア学科が誕生した。日本研究のスタッフも着任したことから、1950年代末に日本政府刊行物の指定受入図書館としてアジア図書館が企画され、日本の国立国会図書館から政府刊行物の寄贈を受けるようになった（和田: 277-279）。

1964年にはBeansコレクションをアジア図書館は購入している。これは江戸時

代に製作された古地図コレクションであり、菱川師宣や宮川正春、司馬江漢が作者の地図など全数百点に及ぶコレクションである(Yuen: 236)。これは現在UBCのウェブサイトでデジタル画像が公開されている。1969年には日本図書館学校出身の司書権並恒治氏が着任し、30年強日本コレクションの整備を支えた(和田: 281)。

　以上のように人的基盤が整ってきたアジア図書館では、1970年代からバンクーバー、さらにはカナダのアジア系住民がそれまでに生産した民族資料の収集を開始している。たとえばバンクーバー刊行の中国語新聞『大漢公報』(1914〜1992)や、日本語新聞の『加奈陀新報』などを収蔵し、整理することを行っている。こうした民族資料をマイクロフィルム撮影したり、影印版(日本語の場合は『カナダ移民史資料』)を刊行したりすることで、情報の散逸、消滅を防ぐことに成功した(Yuen: 236-237)。

　また、1960年代末からは中国語、日本語に加えて、朝鮮語や南アジア諸語資料の収集も開始した。パンジャービーやヒンディー、ウルドゥー、マラーティーをはじめとする南アジア諸語資料について1968年から蔵書構築が開始され、1975年にはアメリカ、シアトルのワシントン大学の南アジア諸語コレクションの譲渡を受けた。そして1982年には朝鮮語コレクションの蔵書構築が始まった。以上のような言語の質、量の拡大を踏まえ1981年現アジアセンター内にアジア図書館が開館することになったという(Yuen: 236-237)。

　以上のように第二次世界大戦後、言語別に着実に発展を遂げてきたUBCのアジア図書館蔵書であるが、それを支える資金、スタッフの背景にはカナダの政策変化が指摘されている。ユエンによれば、1947年にカナダは華人制限法が撤廃され、1967年には人種にかかわる移民制限がすべて撤廃された。国策として、移民受け入れが推進されることになり、東アジアにもっとも近いバンクーバーの重要性が脚光を浴びるようになったというのである(Yuen: 233)。

　また和田は別の観点も指摘する。ロナルド・ドーアが着任するころに、カナダ人外交官で、日本研究者であったハーバート・ノーマンのUBC着任が企図されていたというのである。マッカーシズムが吹き荒れていたアメリカとは異なる、アジア研究の拠点としてUBCが意図されたが、マッカーシズムの標的となったノーマンの死で、ノーマンの着任は叶わなかった(和田: 288-290)。ただ、同じくマッカーシ

ズムの標的となった太平洋問題調査会(IPR)の雑誌、蔵書をUBCが継承することとなったということから、その意図(アメリカとは異なるアジア研究の拠点づくり)は実現しているといえるかもしれない。

　以上のように筆者が訪問した時に感じたポイント(幅広い視点からの朝鮮研究コレクション、南アジアコレクション、現地民族資料)は、第二次世界大戦後のカナダ外交の転換と展開が反映されているようである。トランプ政権のもとアメリカの移民政策、対東アジア関係がどのように変化するのか目をはなせないいま、隣国カナダのUBCのアジア研究、およびアジアコレクションの今後の展開も注目に値すると考えられる。　　　　　　　　　　　　　　　　　　　　　　　　　　　[辻　大和]

●参考文献
　Yuen, E. (2010) "Building an Academic Library in the Heart of Pacific Canada" in P. Zhou (ed.), *Collecting Asia: East Asian Libraries in North America, 1868-2008*, Association for Asian Studies.
　和田敦彦『越境する書物：変容する読書環境のなかで』新曜社、2011年。

インフォメーション	
Webサイト	https://asian.library.ubc.ca/（英語）
住　　所	Asian Centre, 1871 West Mall, Vancouver, B.C., V6T 1Z2, Canada
電　　話	(+1)604-822-2427 (Circulation desk)
	(+1)604-822-2023 (Reference desk)
E-mail	asian.library@ubc.ca
開館日時	月〜金［9:00〜17:00］
	土［12:00〜17:00］
	日［休］

ハーバード燕京図書館の
漢籍デジタルコレクション
Chinese Rare Book Collection of the Harvard-Yenching Library

アメリカ合衆国マサチューセッツ州に所在するハーバード燕京図書館(Harvard-Yenching Library)は、世界有数の東アジア資料コレクションを擁する研究図書館であり、アジア研究者でその名を知らない人は少ないだろう。そもそもはハーバード大学とは別個の機関であるハーバード燕京研究所(Harvard-Yenching Institute)の研究活動を支える図書館として発展してきたが、現在は図書館のみハーバード大学の管理下に入って、大学内の70を超える図書館を束ねる図書館システム「ハーバード大学図書館(the Harvard Library)」の一翼を担っている。

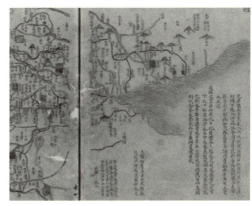

画像1　デジタル化された画像

　さて、このたびそのハーバード燕京図書館はFacebook上にて、自館の漢籍(Chinese Rare Book)コレクションの全点デジタル化が完了したと発表した(https://www.facebook.com/YenchingLib/posts/871608776324840:0)。

　4,200タイトルに上るというそのデジタルコレクションは、ハーバード大学図書館の検索システム HOLLIS+（https://hollis.harvard.edu）にて検索可能となっている。

　また、デジタルコレクションの概要は、ハーバード大学図書館のウェブサイト内にある中国学研究案内ページ Research Guide for Chinese Studies (https://guides.library.harvard.edu/Chinese)の "Digitization Projects" の項に掲載されている。

　多くのコレクションが列挙されているが、そのうち以下のコレクションなどに漢

籍が含まれている。

- Chinese Rare Books- Unique, Manuscripts 哈佛燕京圖書館中文善本特藏 稿,鈔,孤本(傅斯年圖書館合作項目)
- Chinese Rare Books Collection- Classics & History 哈佛燕京圖書館中文善本特藏 - 經,史部(中國國家圖書館合作項目)
- Chinese Rare Books Collection- Collectaner Section 哈佛燕京圖書館中文善本特藏 - 叢部
- Chinese Rare Books Collection- Collected Works 哈佛燕京圖書館中文善本特藏 - 集部
- Chinese Rare Books Collection- Oversize 哈佛燕京圖書館中文善本特藏 - 特大尺寸
- Chinese Rare Books Collection- Philosophy 哈佛燕京圖書館中文善本特藏 - 子部

　これらはそれぞれ別個のデータベースにリンクしているわけではなく、すべてHOLLIS+の検索結果にリンクしている。さらに細かく検索するためには、HOLLIS+の検索機能を使いこなす必要があるが、その際注意すべき点がいくつかある。

　というのも、これらのコレクションは一度にデジタル化されたわけではなく、別個のデータベースとしてひとまとまりずつ制作されてきた経緯があるからである。そのなかには上記コレクション名を見ても分かるように、台北の中央研究院歴史語言研究所傅斯年図書館や、北京の中国国家図書館等海外の図書館との提携の下に制作された部分があり、ハーバード燕京図書館ではそれらをすでにHOLLIS+に統合したが、各提携先図書館ではオリジナルのデータベースがなお稼働している。

● ……………… **メタデータと検索方法**

　HOLLIS+への統合にあたっては、各データベースのために作られた異なる規格のメタデータを1つにまとめる処理がなされたはずで、そのために検索のよすがとなるメタデータにばらつきが生じているようである。以下具体的に見ていこう。

　まず、上記のとおり四部分類にしたがってコレクションが小分けされているように見えるが、「經,史部」は必ずしもそうではなく、中国国家図書館との共同プロジェクトでデジタル化された本がすべてこのカテゴリーに入っているので、たまに他の部の本が混じっている。たとえば『勸閻小說』(http://id.lib.harvard.edu/

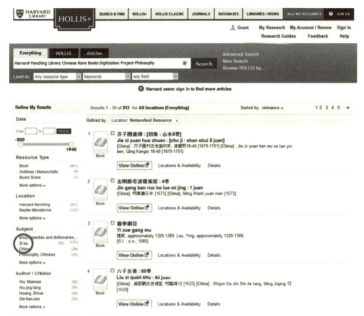

画像2 「子部」による検索

alma/990086219930203941/catalog)という本は、四部分類では集部の小説類に分類されるはずだが、メタデータに"National Library of China — Harvard-Yenching Library Chinese rare book digitization project"とあるために、「經,史部」からリンクされている検索結果に現れてしまっている。また反対に、この本は「集部」の検索結果には現れない。

次に「子部」の検索結果を見てみると、912件表示される。一覧するには少し多すぎるので、四部分類に慣れている人ならば、ここからさらに「部」の下位の「類」によって絞り込みをかけたいと感じるところである。しかしながら、結論から言うとそれは不可能である。

画像2のように、Subject(主題)によって検索結果を絞り込む機能があり、そのなかに"Zi bu"(子部)というのがあるが、これで絞り込むと、なぜかわずか35件に減ってしまう。つまり"Zi bu"のタグは、子部の本すべてに付与されているわけではないのである。また次の画面でSubjectに現れる"Zi bu–Lei shu lei"(子部–類書類)

画像3　デジタル画像のみの検索

のタグで絞り込んでみると、15件の類書類の本が示される。しかし当然ながら、このタグも類書類に分類されるべき本にすべて付与されているとは思えない。残念ながら、1つの類の書誌を一覧するという、紙の漢籍目録ならば当たり前にできることができない仕様となっているのである。また、"Zi bu" や "Zi bu–Lei shu lei" などの四部分類に基づくタグは、左のカラムには現れるが、個別の書誌の詳細（Details）を開いてもユーザーからは見えないようになっている。

書名あるいは著者名で検索する場合も注意が必要である。

まず、HOLLIS+の詳細検索（Advanced Search）モードを使うようにしよう。デジタル画像のみ検索したい場合は、画像3のように、1つ目の検索窓に "digitization" と入れておくとよいだろう。そうしないと、ハーバード大学図書館に所蔵されている紙の本や論文などもヒットしてしまう。

そのうえでTitleを「墨池編」として検索すると、2種の『墨池編』がヒットした。ここから先は "View Online" をクリックすれば画像を自由に閲覧、ダウンロードでき

画像4　デジタル画像のみの検索

る。漢字で検索する場合、繁体字・簡体字両方に対応しているが、繁体字とも簡体字とも異なる日本の常用漢字体には対応していない。さらに厄介なのは、たとえば『道徳真経義解』という書誌（http://id.lib.harvard.edu/alma/990077576890203941/catalog）は、なぜかTitle中に日本の常用漢字体の「経」が混じっている。そのため繁体字の「經」でも簡体字の「经」でもヒットしない。このようなメタデータの不備は全体の検索の精度に少なからず影響しているだろう。

　また、Titleを「杜工部集」として検索してみると、一件もヒットしない。しかしここで「イェンチン（燕京）には杜工部集がないのか」と早合点してはいけない。Titleをピンイン"du gong bu ji"としてもう一度検索してみよう。すると画像4のように2種の『杜工部集』がヒットした。つまり、本によってはTitleのメタデータの漢字が検索システムに拾われない場合があるのである。そのようなわけで、書名はピンインで検索するのが無難である。その際、たとえばさきほどの「杜工部」でいうと、音節の切れ目にあわせて"du gong bu"と綴られている場合と、意味の切れ目にあわせ

ハーバード燕京図書館の漢籍デジタルコレクション　209

て"Du Gongbu"と綴られている場合がある。1つの分かち方ですべてヒットするとは限らないので注意が必要である。なお、大文字小文字の区別、uとüの区別は検索上無視されるので気にする必要はない。

　最後に、Author / creator に著者名を入れて検索する場合、こんどは漢字でもピンインでも問題なく検索できる。ピンインの場合、たとえば白居易なら、"bai juyi"として検索する。名の部分の二音節を分かって"bai ju yi"とするとヒットしないので要注意である。また、本名だけでなく字号にもかなり対応しているが、たとえば白居易の字「楽天」の場合、繁体字「白樂天」ではヒットせず、簡体字「白乐天」かピンイン"bai letian"としなければならないなど、本名の場合と比べると弱点が目立つ。

　ここまで見てきた注意点を、簡単にまとめておこう。

・四部分類にしたがってコレクションを俯瞰することは期待しないほうがよい。
・HOLLIS+の詳細検索モードで"digitization"と入れてから書名や著者名を検索する。
・書名検索はピンイン推奨。綴りの分かち方を変えて検索することも忘れずに。
・著者名検索は漢字（繁/簡）でもOK。ピンインの場合は綴りの分かち方に注意。

　以上、筆者の気づいた範囲内で基本的な注意点を記してみた。中国学研究者の快適なデジタルライフを祈念したい。

［成田健太郎］

　附記　本記事は2017年8月に執筆されたものである。ハーバード大学図書館の検索システム HOLLIS のその後のリニューアルについては反映していないことを諒解されたい。

インフォメーション	
Webサイト	ハーバード大学図書館の検索システム HOLLIS+（https://hollis.harvard.edu） 研究案内ページ Research Guide for Chinese Studies（https://guides.library.harvard.edu/Chinese）

おわりに

　東京大学では、2010年に開始された新図書館計画のもと、知の拠点たる図書館の再整備が行われている。これにより、総合図書館本館の改修が行われるとともに、本館前の地下空間を利用して別館が建設された。別館内部には、300万冊規模の収蔵を誇る自動書庫が建設され、2018年5月に稼働を始めた。また、新たな学術交流の場として作られたライブラリープラザは、2018年7月より様々な学術利用に供している。

　このように、大きく変貌を遂げる東京大学の図書館であるが、残る事業のうち、大きなものの1つが2020年に予定されているアジア研究図書館の新設である。これは、学内に所蔵されているアジア関連資料を集約させるとともに、新たな学術拠点の形成を目指した試みでもあり、アジア研究図書館の新設に向けて、関連する教職員とりわけ図書系職員達が誠心誠意準備を進めているところである。

　とはいうものの、図書館の新設はとてつもなく大がかりなミッションであるため、これを支える組織が必要となった。そこで設置されたのが、東京大学附属図書館アジア研究図書館上廣倫理財団寄付研究部門（U-PARL）である。U-PARLは公益財団法人上廣倫理財団の寄付を得て2014年4月1日に附属図書館内に設置された研究組織であり、今までの5年間にアジア研究図書館構築支援、アジア研究、若手育成を含めた成果の社会還元を柱として様々な活動を行ってきた。本書はU-PARLの活動成果の1つとしてここに上梓するものである。

　本書の内容はU-PARLウェブサイトに掲載された、アジア関連の図書館を紹介する連続記事「世界の図書館から」をもとにしている。「世界の図書館から」の初回の記事は2014年7月31日に執筆された「台湾・中央研究院の図書館利用と古籍閲覧」であるが、40を越える記事が揃った現在でも、随時、記事の追加が行われている。「世界の図書館から」のシリーズは、U-PARLの歴史とともにある最長のシリーズ記

事となっている。本書の刊行に際しては新たに書き下ろしの記事が加えられ、すでにウェブサイトに掲載された記事に関してはほとんどの記事に大幅な加筆修正が行われた。

　本書の著者は主としてU-PARLの特任研究員と同世代のアジア研究仲間である。研究図書館ガイドである本書が若手アジア研究者にとって有用な本であることは言うまでもないが、本書には若手研究者の研究成果発信やネットワーク形成といった大きな意義もある。博士課程の院生の頃にウェブサイト記事を執筆し、現在では博士号の学位を得て研究者として巣立っている著者が多いのはその証左である。

　U-PARLは設立から5年が経ち、この間、所属する教員や研究員にも交代があった。「世界の図書館から」の企画はU-PARL初代の教員・研究員によって発案されたものである。歴代のすべての方々のお名前をここに挙げることはできないが、白紙の状態から新しい組織を立ち上げ、軌道に乗せて下さった教員の方々として、元U-PARL部門長・人文社会系研究科教授の木村英樹先生（現追手門学院大学教授）、元U-PARL副部門長・特任准教授の冨澤かな先生（現静岡県立大学准教授）、元U-PARL特任助教の永澤済先生（現名古屋大学准教授）に感謝を申し上げる次第である。

　「世界の図書館から」と銘打ったシリーズであるものの、扱っている地域には濃淡がある。今後も、若手研究者の協力を得て、研究者の視点から世界各地の図書館の紹介を積み重ねて行きたく思っている。それゆえ、「世界の図書館から」という船は、今回の出版を機に航海を始めたばかりである。我々にこのような門出の契機を与えて下さった勉誠出版、とりわけ、建設的なご助言とひとかたならぬお世話をして下さった編集部の吉田祐輔さんと松澤耕一郎さんに厚く御礼申し上げる次第である。

　初代U-PARLのスタッフから受け継いだ知的財産を、現任のU-PARLスタッフで世に送り出すことにより、U-PARLに新しい歴史が刻まれることとなった。執

筆、編集にあたった若手研究者達の躍進に励まされる思いである。このように、U-PARLが活動を続けてこられたのも、公益財団法人上廣倫理財団によるご寄付のお陰である。日頃のご支援に対して心より感謝を申し上げる次第である。

2019年3月4日

永井正勝

(U-PARL副部門長・特任准教授)

■執筆者紹介 ………………………………………………………………………………[50音順・全28名]

足立享祐 ［あだち・きょうすけ］
1975年生まれ、東京外国語大学地域文化研究科博士後期課程単位取得退学。U-PARL特任研究員。専門はインド言語社会史。論文に「イギリス東インド会社と言語の審級――ボンベイ管区における法廷言語問題を中心に」(『多言語社会研究会年報』)など。2009年イギリス、ロンドン大学東洋アフリカ学院留学。

荒木達雄 ［あらき・たつお］
1979年生まれ、博士(文学)(東京大学)。専門は中国明代通俗小説。論文に「石渠閣出版活動和《水滸傳》之補刻」(『漢學研究』)、「宋江形象演変考」(『中国――社会と文化』)など。2003年～2005年中国、南京大学留学。2013年～2014年台湾、中央研究院中国文哲研究所留学。2014年～2015年台湾、漢学研究中心学員。

石原遼平 ［いしはら・りょうへい］
1981年生まれ、専門は中国古代史。論文に「漢代更卒輪番労役の各県における不均一と均一化」(『日本秦漢史研究』)、「中国簡牘学の現在(特集・出土文字資料が拓く比較史の可能性(1))」(『歴史学研究』)、翻訳に金平「竹簡の製作と使用――長沙走馬楼三国呉簡の整理作業で得た知見から(魏晋南北朝史のいま)」(『アジア遊学』)など。2012年～2014年中国、湖南大学留学。

岩本佳子 ［いわもと・けいこ］
1984年生まれ、博士(文学)(京都大学)。東京外国語大学アジア・アフリカ言語文化研究所ジュニア・フェロー。専門はオスマン朝史、遊牧民研究。論文に「「スルタン」から「パーディシャー」へ――オスマン朝公文書における君主呼称の変遷をめぐる一考察」(『イスラム世界』)、著書に『帝国と遊牧民』(京都大学学術出版会)がある。2010年～2012年トルコ、イスタンブル大学に客員研究員として留学。

宇戸優美子 ［うど・ゆみこ］
1989年生まれ、東京大学大学院総合文化研究科地域文化研究専攻博士課程、在タイ日本国大使館専門調査員。専門はタイ文学。著書に『しっかり学ぶ!タイ語入門』

（大学書林）、訳書に『一粒のガラス――シーダーオルアン短編集』（大同生命国際文化基金）がある。2010年～2011年タイ国立シーナカリンウィロート大学留学。

王　　紫　［Chelsea Zi Wang］
1986年生まれ。PhD（コロンビア大学）。クレアモント・マッケナ大学歴史学助教授。専門は中国明代制度・通信史。2013年～2015年東京大学留学。

荻　恵里子　［おぎ・えりこ］
1985年生まれ、京都府立大学大学院文学研究科博士後期課程。専門は中国近代政治外交史。論文に「甲申政変の収拾と清朝外政――日清交渉における総理衙門と北洋大臣李鴻章」（『東洋学報』）など。2017年～中国、浙江大学留学中。

長田紀之　［おさだ・のりゆき］
1980年生まれ、博士（文学）（東京大学）。日本貿易振興機構アジア経済研究所地域研究センター研究員。専門はミャンマー近現代史。著書に『胎動する国境――英領ビルマの移民問題と都市統治』（山川出版社）、『東南アジアの歴史』（共著、放送大学教育振興会）など。2007年～2009年ミャンマー、ヤンゴン外国語大学等留学。

金子奈央　［かねこ・なお］
1981年生まれ、東京外国語大学大学院総合国際学研究科博士後期課程単位取得退学。日本貿易振興機構アジア経済研究所・リサーチアソシエイトを経て、東京外国語大学特別研究員。専門はマレーシア地域研究、比較教育学。著書に「Formation of Independent Education System in Sabah」（『Islam and Cultural Diversity in Southeast Asia（Vol.2）：Perspectives from Indonesia, Malaysia, the Philippines, Thailand, and Cambodia』東京外国語大学アジア・アフリカ言語文化研究所）がある。2011年～2013年マレーシア、サバ大学留学。

川内佑毅　［かわうち・ゆうき］
1983年生まれ、博士（書道学）（大東文化大学）。大東文化大学人文科学研究所兼任研究員。専門は書道史・篆刻。著書に『思い通りに印を刻る　篆刻上達のコツ』（メイツ出版）、『法帖提要索引』（共編著、大東文化大学人文科学研究所）、論文に「中国印論における審美論の形成と展開」（博士論文）など。2006年～2007年中国、浙江大学留学。

小宮秀陵　[こみや・ひでたか]
1981年生まれ、博士(文学)(ソウル大学校)。獨協大学国際教養学部言語文化学科専任講師。専門は韓国古代史、東アジア史。論文に「9世紀末 신라의 對唐藩鎮交渉과 그 性格──崔致遠 귀국의 배경과 관련하여(9世紀末新羅の対唐藩鎮交渉とその性格──崔致遠帰国の背景と関連して)」(『歴史学報』)などがある。2008年～2014年韓国、ソウル大学校留学。

佐治奈通子　[さじ・なつこ]
1985年生まれ、東京大学大学院人文社会系研究科アジア文化研究専攻博士課程。専門はオスマン朝鉱山史。著書に『輪切りで見える！パノラマ世界史第3巻　海を越えてつながる世界』(羽田正監修、大月書店)など。2014年～2017年トルコ、イスタンブル文明大学留学。

佐藤章太　[さとう・しょうた]
1992年生まれ、東京大学大学院総合文化研究科言語情報科学専攻博士課程。専門は現代ベトナム語の漢越語。論文に「ベトナム語母語話者における漢語由来語彙と固有語彙の区別」(『東京大学言語学論集』)など。2015年～2016年、2018年～ベトナム国家大学ハノイ校人文社会科学大学留学。

澤井　真　[さわい・まこと]
1984年生まれ、博士(文学)(東北大学)。京都大学特任研究員。専門はイスラーム思想。論文に、"Ibn 'Arabi on the Perfect Man (al-insan al-kamil) as Spiritual Authority: Caliph, Imam, and Saint" (2018)など。2011年～2012年マレーシア国際イスラーム大学、2012年～2014年カイロ・アメリカン大学大学院に留学。日本学術振興会特別研究員PD時に、イェール大学ならびにハーバード大学にて客員研究員。

澁谷由紀　[しぶや・ゆき]
1980年生まれ、博士(文学)(東京大学)。U-PARL特任研究員。専門はベトナム南部近現代史。論文に「植民地期サイゴン市議会選挙の考察──ベトナム人都市政治運動の再評価」(博士論文)など。2004年～2006年ベトナム国家大学ホーチミン市校人文社会科学大学留学。

新谷春乃　[しんたに・はるの]
1985年生まれ、東京大学大学院総合文化研究科地域文化研究専攻博士課程。専門はカンボジア現代史。論文に「クメール共和国期(1970-75年)における自国史の再編──体制転換後の政治と言論環境に着目して」(『東南アジア──歴史と文化』)など。2009年〜2010年カンボジア、王立プノンペン大学留学。

関　智英　[せき・ともひで]
1977年生まれ、博士(文学)(東京大学)。公益財団法人東洋文庫奨励研究員、明治大学兼任講師。専門は中国近現代史。共編訳解説に『文革──南京大学14人の証言』(築地書館)、論文に「日中戦争時期中国占領地における将来構想──中華民国維新政府指導層の時局観」(『史学雑誌』)など。2005年〜2007年中国、南京大学留学。

辻　大和　[つじ・やまと]
1982年生まれ、博士(文学)(東京大学)。U-PARL特任研究員を経て、横浜国立大学大学院都市イノベーション研究院准教授。専門は朝鮮王朝史。著書に『朝鮮王朝の対中貿易政策と明清交替』(汲古書院)など。2008年〜2010年韓国、ソウル大学校人文大学留学。

坪井祐司　[つぼい・ゆうじ]
1974年生まれ、博士(文学)(東京大学)。U-PARL特任研究員を経て、名桜大学国際学群上級准教授、東洋文庫研究員。専門はマレーシア近現代史。著書に『『カラム』の時代VIII──マレー・ムスリムの越境するネットワーク』(共編著、京都大学東南アジア地域研究研究所)など。2000年〜2002年マレーシア、マラヤ大学留学。

富塚あや子　[とみづか・あやこ]
1986年生まれ、早稲田大学アジア太平洋研究科博士課程、在ベトナム日本国大使館専門調査員。専門は日越関係史。2016年ベトナム国家大学ホーチミン市校人文社会科学大学留学。

中川太介　[なかがわ・だいすけ]
1982年生まれ、博士(文学)(東京大学)。立正大学非常勤講師。専門は中国近現代史。論文に「中華民国期の雲南における塩業改革──北京政府時期を中心に」(博士論文)など。2008年〜2010年中国、雲南大学留学。

中原理恵　［なかはら・りえ］
1987年生まれ、京都大学人間・環境学研究科博士後期課程。共生文明学専攻。論文に「『水滸全書』郁郁堂本について」（『中国古典小説研究』）がある。2012年〜2013年台湾、台湾大学留学、2015年〜2016年中国、北京大学留学。

成田健太郎　［なりた・けんたろう］
1981年生まれ、博士（文学）（京都大学）。U-PARL特任研究員を経て、埼玉大学大学院人文社会科学研究科准教授。著書に『中国中古の書学理論』（京都大学学術出版会）、『唐代の文論』（共著・研文出版）など。2007年〜2008年中国、中国美術学院留学、2009年〜2011年中国、北京大学留学。

平塚順良　［ひらつか・のりよし］
1980年生まれ、博士（文学）（立命館大学）。専門は中国詞曲研究・ベトナム漢文学。立命館大学衣笠総合研究機構専門研究員を経て、大阪大谷大学・近畿大学等非常勤講師。論文に「ベトナム西山朝の潘輝益と詞牌楽春風」（『風絮』）など。2009年〜2011年中国、北京大学中国語言文学系留学。

水上香織　［みずかみ・かおり］
1988年生まれ、東京大学大学院人文社会系研究科博士課程。専門はインド近現代史。論文に「20世紀初頭バンクーバーにおけるインド系移民コミュニティの形成」（『南アジア研究』）など。2014年〜2017年インド、ジャワハルラール・ネルー大学留学。

水上　遼　［みずかみ・りょう］
1987年生まれ、東京大学大学院人文社会系研究科博士課程。専門は西アジア・イスラーム史。論文に「イブン・アル＝フワティーの伝える13世紀後半の集団イジャーザ」（『オリエント』）など。2014年〜2017年イラン、テヘラン大学人文科学部留学。

八木はるな　［やぎ・はるな］
1986年生まれ、博士（文学）（東京大学）。専門は中国語圏現代文学研究。論文に「白先勇小説の映画への改編をめぐって――エグザイルとしての在米中国人」（『日本台湾学会』）など。2007年〜2008年及び2013年〜2014年台湾、国立台湾大学留学。

矢久保典良　[やくぼ・のりよし]
1982年生まれ、博士(史学)(慶應義塾大学)。千葉商科大学非常勤講師。専門は中国近現代史、中国ムスリム研究。論文に「日中戦争時期における中国回教救国協会の清真寺運営論」(『東洋学報』)など。2010年〜2012年中国、華中師範大学留学。

■編者紹介

U-PARL
東京大学附属図書館アジア研究図書館上廣倫理財団寄付研究部門
(Uehiro Project for the Asian Research Library / 略称U-PARL)

公益財団法人上廣倫理財団の寄付を得て2014年4月に東京大学附属図書館に設立された研究部門。同大学総合図書館4階に2020年開館予定のアジア研究図書館の構築支援、図書館機能研究、協働型アジア研究、社会還元と人材育成を主な目的としている。

◇ウェブサイト
［日本語］ http://u-parl.lib.u-tokyo.ac.jp/
［英　語］ http://u-parl.lib.u-tokyo.ac.jp/en

■編集担当 ……… 澁谷由紀・清水康宏
■協　力 ………… 有村元春・中井勇人・谷口力光

ライブラリーぶっくす
世界の図書館から
──アジア研究のための図書館・公文書館ガイド
From the Libraries of the World: A Guide to Libraries and Archives for Asian Studies

2019年3月29日　初版発行

編　　集 ………	U-PARL
発 行 者 ………	池嶋洋次
発 売 元 ………	勉誠出版㈱
	〒101-0051 東京都千代田区神田神保町3-10-2
	電話 (03)5215-9021　FAX (03)5215-9025
	E-mail: info@bensei.jp
印刷・製本 ……	中央精版印刷

※本書掲載記事・写真の無断転載を禁じます。

ISBN978-4-585-20069-7 C0000

アジア学の宝庫、東洋文庫
東洋学の史料と研究

東洋学研究の一大拠点、東洋文庫の多彩かつ貴重な史料群は、いかにして収集・保存され、活用されているのか。
学匠たちが一堂に集い、文庫の歴史と魅力をひもとき、深淵な東洋学の世界へ誘う。

東洋文庫 編
本体2,800円（+税）

G・E・モリソンと近代東アジア
東洋学の形成と東洋文庫の蔵書

清末民国初という激動の時代を中国で過ごし、東アジアと世界をつないだG・E・モリソン。彼の比類なきコレクション、貴重なパンフレット類を紐解き、彼の行動と思考を解明し、東洋文庫の基底に流れる思想を照射する。

東洋文庫 監修／岡本隆司 編
本体2,800円（+税）

ライブラリーぶっくす
図書館の日本史

図書館はどのように誕生したのか？ 歴史上の人物たちはどのように本を楽しみ、収集し、利用したのか？ 古代から現代まで、日本の図書館の歴史をやさしく読み解く、はじめての概説書！

新藤透 著
本体3,600円（+税）

紙の日本史
古典と絵巻物が伝える文化遺産

長年文化財を取り扱ってきた最先端の現場での知見を活かし、古典作品や絵巻物をひもときながら、文化の源泉としての紙の実像、そして、それに向き合ってきた人びとの営みを探る。

池田寿 著
本体2,400円（+税）